The Birth of “Shonan”

「湘南」の誕生

音楽とポップ・カルチャーが果たした役割

増淵敏之
Toshiyuki Masubuchi

RittorMusic

はじめに

一般的に「湘南」というエリアは、お洒落な海沿いのエリアというイメージがある。筆者は北海道の出身で、いつのことかはわからないが、「湘南」という地名はそれなりに認識していたと思う。それはおそらくメディアや映画、音楽、小説やマンガからの影響なのかもしれない。小津安二郎や『太陽の季節』には乗り遅れ、かといって『若大将』シリーズにはまったわけでもない。さて認識の契機は何だったのだろう。

あれこれ考えてみたが、決定打はない。テレビドラマの『俺たちの朝』はときどき見ていた程度、わたせせいぞうもよく読んでいたのは確かだが、やはりサザンオールスターズがもっとも影響を与えてくれたのかもしれない。そういう意味では筆者にとって彼らはもっとも「湘南」とリンクした存在だったのだろう。もちろん筆者がFM放送局やレコード会社に勤務していたことも影響していたに違いない。

日常を振り返ってみよう。それほど頻繁にではないが、現在、東京に住んでいる身としては、年に何度かは「湘南」に赴く。コンテンツツーリズム関係の仕事のこともあるし、時間ができてプライベートで訪れることもある。意識の中ではそれほど近い存在ではないが、ただ全く無関係といったわけでもない。都市でいうと鎌倉、藤沢、茅ヶ崎といったところだろうか。車で行くときもあり、電車で行くときもある。

土日はかなり観光客で混んでいるというのが印象だ。特に夏場は国道134号線が渋滞する。これは東京からの地理的近接性のなせる業だろう。つまり東京や近郊に住んでいる者にとって、「湘南」は日帰り圏の観光地なのである。しかしその反面、交通アクセスの利便性や居住環境によって、東京の郊外都市エリアとしての側面も併せ持っている。つまり赴く人々によっても、住む人々にとっても魅力的なエリアとして捉えることができるのだ。

ただ「湘南」は不思議なエリアでもある。それは「湘南」という地名が示す範囲は各人によって違うからだ。例えば神奈川県の行政区域での「湘南」は平塚市、藤沢市、茅ヶ崎市、秦野市、伊勢原市、寒川町、大磯町、二宮町を指しているが、自動車ナンバーでの「湘南」のエリアは平塚市、藤沢市、小田原市、茅ヶ崎市、秦野市、伊勢原市、南足柄市、高座郡、中郡、足柄上郡、足柄下郡とされている。また気象庁での「湘南」は神奈川県東部湘南地域として、平塚市、藤沢市、茅ヶ崎市、大和市、海老名市、座間市、綾瀬市、寒川町、大磯町、二宮町を指すという。

一般的に「湘南」エリアのイメージに近い鎌倉市、逗子市、葉山町はいずれにも入っていない。確かに鎌倉市は七里ヶ浜、由比ヶ浜などのビーチを持ってはいるが、街そのものは古都である。しかし『太陽の季節』の舞台は逗子市であり、葉山町も御用邸の印象が強いが、マリーナもある。この3つの自治体は「湘南」エリアに包括されることもあるが、また反面、単体呼称で呼ばれることもある。ちなみに県行政区域上は「湘南」ではなく、「横須賀三浦」と呼称される。

故に「湘南」の範囲は極めて曖昧だ。各人それぞれのイメージでその範囲を捉えていることになる。まさに不思議である。それぞれに委ねられている範囲を持つ「湘南」はしかし魅力的なイメージを有している。さてこの魅力的な「湘南」のイメージはどのようにして創られたのだろう。おそらくそのイメージ形成のプロセスや伝達のプロセスがあるに違いない。

本書の目的はそれらを明らかにしていくことにあるが、おそらくそこにはメディアやコンテンツの影響が大きいに違いない。冒頭、述べたように筆者においては、サザンオールスターズの楽曲の影響が大きかったように、それぞれに「湘南」のイメージ形成に寄与したメディアやコンテンツも違うのかもしれない。さて拙い記述も多々あるに違いないが、この「湘南」の謎を解き明かすことが、もしかすると他地域でのブランド化を図るための参考にもなるかもしれない。

少子高齢化、人口減少の中で、地域が自立への模索を続けている。特に観光や移住に関してはこの地域のブランド力は意味を持つ。D・ブーアスティン（『幻影の時代―マスコミが製造する事実』星野郁美・後藤和彦訳／１９６４年）は、写真・映画・広告・テレビなどのさまざまなメディアにより創られたイメージのほうが現実より現実感を持つとする。観光はそのようにメディアに創られたイメージを確認するためのものだけになっていると指摘し、かつツーリストたちもそれを望んでいるとした。

　おそらく「湘南」のブランド化には、メディアやコンテンツが大きく寄与していると見てもいいだろう。人々の関心を集める地域はまず魅力的なイメージを確立しているはずである。ただ「湘南」が特別なのは範囲と同様に、各人それぞれのイメージでその範囲を捉えていることだ。冒頭、述べたように一般的な「湘南」のイメージは、お洒落な海沿いのエリアではあるが、人々によっては高級な住宅地のイメージを持つ者もいるだろうし、またそれとは対極の海岸道路を疾駆する暴走族をイメージする者もいるに違いない。またサーフィンなどのマリンスポーツから若者を連想する者もいるだろう。範囲が曖昧であり、しかもそれぞれのイメージも一定ではないまさしく不思議なエリアである。

　そういう不思議なエリアが日本でも屈指のブランド力を持っていることは、とても興味深い。本書では歴史を追いながら、「湘南」イメージの形成過程を明らかにしつつ、その要因を探っていきたいと考えている。現在まで各自治体がそれぞれに地域ブランド化に苦慮しているが、「湘南」は自治体の努力なしに自然に創られた地域ブランドであると解釈してもよい。地域ブランド化に苦慮している各自治体にも参考になる知見を提示することが本書によって可能になり、また一般の読者にも「湘南」は馴染み深く、魅力的なエリアなので、好奇心や知識欲を満足させる一冊になることを心より願っている。

目次

はじめに……2

第1章●「湘南」の発祥と範囲……11

命名の由来（「湘南」の語源）……12
「湘南」の範囲……15
大磯別荘地（ベルツ博士、維新の元勲たち）……24
サナトリウムと「湘南」……28
御用邸とマリーナ……31
一般イメージ……34
「湘南」ナンバー……36
「湘南」ブランドの使用例……39
コンテンツ作品によるイメージ形成……42

第2章●「湘南」の音楽……45

「湘南」音楽の基盤形成……46
「湘南」サウンドの誕生……52
松任谷由実の「湘南」……55

サザンオールスターズの「湘南」…… 61
アイドルたちの「湘南」…… 69
夏と「湘南」…… 73
身近なカリフォルニアだった「湘南」…… 78
硬派たちの「湘南」…… 82
MV（ミュージックビデオ）の中の「湘南」…… 86
アジアン・カンフー・ジェネレーションの「湘南」…… 93
今でもみんな「湘南」が好き…… 97
第3章●「湘南」の文学…… 101
村井弦斎『食道楽』…… 102
徳富蘆花『湘南雑筆』…… 105
鎌倉文士の誕生…… 109
「太陽族」の登場…… 114
古都・鎌倉のイメージの定着…… 119
オートバイ、若者、「湘南」…… 125
「湘南」と恋愛…… 129
村上春樹と「湘南」…… 136
さまざまな物語の舞台としての「湘南」…… 140

第4章●「湘南」の映像……151
松竹大船撮影所……152
小津安二郎『麦秋』『晩春』の鎌倉……156
黒澤明『天国と地獄』に描かれた「湘南」……159
「太陽族」からネクストへ……162
「若大将」シリーズ……166
極楽寺……170
描かれる若者たちの物語……174
バブルと「湘南」……183

第5章●「湘南」のマンガ、アニメ……191
わたせせいぞうと「湘南」イメージ……192
実は連作『ラヴァーズ・キス』『海街diary』……196
魔界の都・鎌倉……201
『スラムダンク』の中の「湘南」……205
『ピンポン』の中の「湘南」……208
『南鎌倉高校女子自転車部』と『とめはねっ! 鈴里高校書道部』に見る部活動……211
ヤンキーと「湘南」……216

意外と少ないオリジナル「湘南」アニメ……228

第6章●プリズムの「湘南」……233

富裕層、若者層、ヤンキー層のリミックス……234
地域のブランディング……239
湘南とは呼ばれたくない鎌倉……244
南葉山ってどこ?……248
クロスメディア戦略が創るイメージ……254
『湘南青春街図』……259
雑誌メディアの役割……266
「湘南」の食文化……270
フィルム・コミッションの活動……273
コンテンツが創った「湘南」イメージ……276

おわりに……280

参考文献……283

装丁●宮川和夫事務所
本文デザイン・DTP●波多江潤子（ANTENNNA）
カバー・イラスト●佐々木悟郎

第1章

「湘南」の発祥と範囲

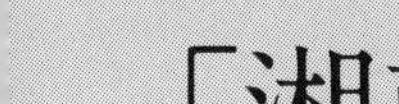

命名の由来（「湘南」の語源）

最初に「湘南」の語源について考えてみよう。2005（平成17）年の藤沢市教育委員会発行の『湘南の誕生』によると、湘南の由来には、大きく分けて、相模国の南の地域、を意味する相南という言葉に「さんずい」がついて湘南になったという説と、中国湖南省の洞庭湘に注ぐ川に「湘水《しょうすい》」があり、その南の風光明媚な地域を指す「湘南」にちなんだという説が紹介されている。

また洞庭湘に注ぐ瀟水《しょうすい》と湖水《こすい》の2つの川が合流するあたりの絶景を「瀟潮八景」といい、金沢八景などの名勝の原型であるが、江戸初期の沢庵和尚が江ノ島の風景を「瀟湘」にたとえたと伝えられている。いわば文人趣味の世界に現れた名称であり、雅号としての使用例は、中世の禅僧の湘南宗沅や明治の漢詩人大久保湘南などにも見られるが、これが地域名として使用され、箱根を函谷関に比定するのと同様に、「東洋のマイアミ」ならぬ「日本の湘南」として相模湾沿岸を呼んだというのであると記載されている。

中国の「瀟湘湖南」地方は禅仏教が発展した地方であることから、禅に関連した古典や事象に「湘南」の文字を見ることができ、禅僧が日本にその言葉を持ち込んだともいわれている。また大磯の鴫立庵《しぎたつあん》には「著盡湘南清絶地」と刻んだ石碑があり、この庵は俳諧道場として知られているが、1664（寛文4）年に小田原の崇雪《そうせつ》が草庵を結んだことを起源としている。ここが「湘南発祥」の地といわれることもある。この石碑は複製品が作られて鴫立庵の庭にあり、本物は大磯町が管理している。

　崇雪は、『寛文六年大磯村検地帳』に、屋敷地と畑地の一反六歩を名請すると記載されていることから、この時期、大磯宿に住み、実在の人物であったことがわかっている。また、崇雪には小田原町宿老として伝家の丸薬である透頂香を売る小田原外郎こと宇野家の出であるとの伝聞もある。

　明治以降になって湘南の文字が歴史に登場するのは1881（明治14）年に設立された「湘南社」だ。この「湘南社」は、大磯を本拠地にして、曽屋（秦野市）、南金目（平塚市）、伊勢原にそれぞれ講学所を開設し、民権思想の啓発を目的に活動した自由民権運動のための政治結社で、活動範囲は淘綾《ゆるぎ》・大住の両郡が中心だった。

　さらに、1889（明治22）年、津久井郡に湘南村（現・城山町）が誕生する。この湘南村は小倉村と葉山島村が合併して生まれた村だが、その由来は、『角川日本地名大辞典』によれば「相模川を文人が湘江と呼んでいることにちなみ、湘江の南側の村という」ことである。当地は、山と川が織りなす景観に富んだ地域で、「湘南」の地名は現在、湘南小学校として残っている。

　このように、江戸期に大磯を発祥の地として命名された湘南は、明治になって、政治結社名や合併村名に用いられる。この他、湘南を冠したものには、湘南大磯病院（1893［明治26］年／大磯町）をはじめ設立順に、湘南馬車鉄道（1905［明治38］年／二宮町）、湘南煙草合名会社（1907［明治40］年／小田原市）、湘南牛乳株式会社（1908［明治41］年／二宮町）、湘南度量衡器製作株式会社（1911［明治44］年／小田原市）、湘南介立社（1912［明治45］年／小田原市）などがあり、すべて相模川以西の地域に集中していた。

また当時は相模川に接した東側の寒川及び茅ヶ崎の一部地域を特に「湘東」と呼んだ。この「湘東」は、湘江に見立てた相模川の東の意味だった。この「湘東」の文字を用いて、1883（明治16）年、寒川・茅ヶ崎地域の資産家を出資者とする貸金会社「湘東社」が設立される。その後、この「湘東」は1925（大正14）年設立の「高座郡茅ヶ崎町湘東耕地整理組合」に使用され、現在は「湘東橋」という橋名に残っている。

つまり明治期、相模川以西地域が「湘南」であって、相模川以東地域は「湘東」だった。従って明治期の湘南の意味する言葉のイメージは海よりも山と川が織りなす景観を持つ相模川以西地域に限られていたと考えられる。『広辞苑』（第五版）では「葉山・逗子・鎌倉・茅ヶ崎・大礒《ママ》など」とし、平凡社『世界大百科辞典』（第二版）では「鎌倉、藤沢、茅ヶ崎、平塚、大礒《ママ》、二宮、小田原の5都市2町の相模湾岸を指し、ほかに三浦半島北部の逗子市、葉山町を含めることも多い」とされているが、行政や他の公的機関などの定義もそれぞれで、主体の認識、目的によっても柔軟な対応が取られている。

「湘南」の範囲

さて地理学では「地域」を以下のように定義している。

一般には地表上の広狭の広がりをもつ特定の部分をさす言葉であり、地方あるいは地区などと同義に用いられる。しかし世界の地表上には、実にさまざまな自然的あるいは人文的事象が複雑に分布している。これらの諸事象のうち、独自性を備え、地域の構成要素としてなんらかの意味で等質的性格を有し、周辺の外部の地域とは異質的であるとき、それを基準にして、他地域との間に境界を定めることができる。このようにして設定された地域を、地理学では等質地域あるいは均等地域と称している。

（『日本大百科全書：ニッポニカ』織田武雄著／１９９４年）

つまり本来的に「地域」は単に行政区に捉われずに、共通する自然環境のみならず、住民が共通の「世界観」・「価値観」を持っているような範囲であるともいえるが、しかし価値観は共通しなくても、その場所のさまざまな特徴、現状によって「地域」と定義づけることができる。つまり、一定の範囲で価値観の異なる人々が暮らし、場所の現実を共有することによって、そ

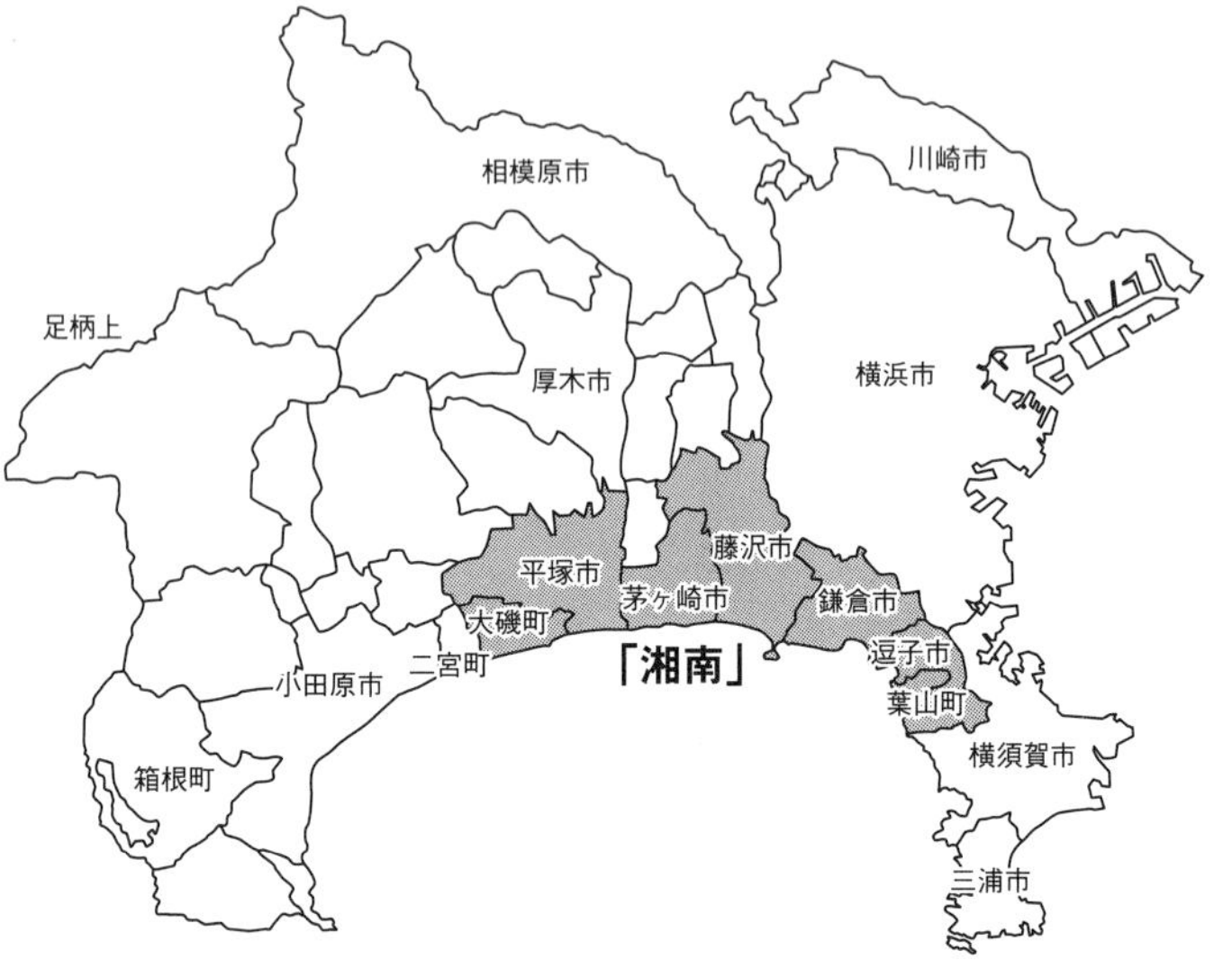

図1 「湘南」の範囲

の場所を「地域」と定義づけることもできるのだ。その定義を「湘南」に適用するとどうなるだろう。

図1の葉山から大磯にかけての相模湾沿岸が本書で想定する「湘南」の範囲である。もちろん狭義の範囲も当然、あるが、あくまで本書ではこの範囲を扱うということである。「湘南」の場合、現在では自然環境には一般的に「海」に面している、もしくは「海」に近接しているという共通項があるが、それよりも「湘南」に対する地域住民の共通した価値観を持ち合わせているということが重要になってくる。しかし例えば鎌倉市に住んでいる住民にはおそらくその価値観は薄いに違いない。

「鎌倉」はそれでひとつのブランド化をすでに行っていて、いわゆる歴史都市としての「鎌倉」は「湘南」とは別文脈にあるという考え方になっている。

2003(平成15)年に研究会レベルで立ち消えになった湘南市構想も、結局は平塚市、藤沢市、茅ヶ崎市、寒川町、大磯町、二宮町レベルでもまとまらなかったので、「鎌倉」がこの構想に積極的に参加するとは思えない。地理的には「鎌倉」は「湘南」の範囲にあるが、住民意識からすればおそらく「鎌倉」は「鎌倉」であって、「湘南」という意識は希薄なのだろう。

本書では「湘南」のブランド化を見ていくため「鎌倉」の存在を外すわけにはいかないので、不可欠なものと捉えていくことにする。あくまで「湘南」はイメージの産物という解釈ができるので、厳密な範囲の定義付けはそれほど意味を持たないのかもしれない。しかし本稿では書き進める手順を前提にしていくとやはり一定の範囲の設定は行う必要がある。「鎌倉」が存在する以上、住民が共通の「世界観」「価値観」を持つことは難しいとはいえ、先述した地理的共通性に着目すれば相模湾に面した範囲でかつ「西湘」を除くといった形になっていく。

逗子市、葉山町も「湘南」イメージの形成には大きく寄与している。まさに「海」のイメージが色濃い地域でもある。しかし横須賀市は市部の一部が相模湾に面しているが、大半は東京湾の方に面している。つまりここは行政的な境界にこだわらずともいいのではないだろうか。そして三浦市はさすがに「湘南」とは乖離《かいり》しているように思う。

神奈川県が進めている「かながわシープロジェクト」は、2014(平成26)年のさがみ縦貫道路の開通もあり、2020年の東京オリンピック開催を控え、神奈川の海の魅力を全世界に発信するのが目的だが、そこでは湯河原から三浦までの相模湾沿岸を「湘南」と定義している（現在は書き換えられているが）。また従来の神奈川県での「湘南」の行政区域上は平塚市、藤沢市、茅ヶ崎市、秦野市、伊勢原市、寒川町、大磯町、二宮町の5市3町が湘南地域とされており、「かながわシープロジェクト」での範囲はそれをさらに広げたものとして捉えてもいいだろう。

2014（平成26）年にJタウンネット神奈川が「湘南の範囲はどこまでだと思いますか？」という意識調査を行った。その後、1年間で882人からの回答があり、一番得票率が高かったのは「茅ヶ崎～葉山」で34・4％。次いで多かったのは「大磯～葉山」で26・4％だった。また「湘南市構想エリア」の得票率は10％に満たなかった。そして「かながわシープロジェクト」で県が唱えた「湯河原から三浦まで」はたった4・5％しか支持されなかった。また編集部が独自に考案した「湘南指数」（該当する自治体の合計得票率を示すもの）では、茅ヶ崎・藤沢で90％を超えた。これに対して大磯・平塚は50％に達していない。また鎌倉、逗子、葉山の3自治体を湘南指数で見てみると、大磯・平塚を上回る66・3％もあったとし、編集部は「60％を及第点とするならば、茅ヶ崎・藤沢・鎌倉・逗子・葉山——以上の5自治体が湘南の称号にふさわしい」とまとめている（図2）。

選択肢	回答数	割合（%）	大磯 平塚	寒川	茅ヶ崎 藤沢	鎌倉 逗子・葉山
茅ヶ崎～葉山	3059	34.4			◎	◎
大磯～葉山	2342	26.4	◎		◎	◎
藤沢・茅ヶ崎・寒川	1113	12.5		◎	◎	
湘南市構想エリア	732	8.2	◎	◎	◎	
大磯・平塚	456	5.1	◎			
湯河原から三浦まで	404	4.5	◎		◎	◎
湘南ナンバーエリア	308	3.5	◎	◎	◎	
湘南は使うべきではない	246	2.8				
旧湘南村のみ	130	1.5				
神奈川県全部	92	1	◎	◎	◎	◎
湘南指数	8882	99.9	48.7	24.9	90.6	66.3

選択肢	回答数	割合（%）	二宮	相模原（旧湘南村）	横須賀 三浦
茅ヶ崎～葉山	3059	34.4			
大磯～葉山	2342	26.4			
藤沢・茅ヶ崎・寒川	1113	12.5			
湘南市構想エリア	732	8.2	◎		
大磯・平塚	456	5.1			
湯河原から三浦まで	404	4.5	◎		◎
湘南ナンバーエリア	308	3.5	◎		
湘南は使うべきではない	246	2.8			
旧湘南村のみ	130	1.5		◎	
神奈川県全部	92	1	◎	◎	◎
湘南指数	8882	99.9	17.2	2.5	5.5

図2 「湘南の範囲はどこまでだと思いますか？」（Jタウンネット神奈川／ 2014）

本書では上記のさまざまな意見をもとに、歴史性を加味しつつ、少し広義に捉えてみようと思う。つまり横須賀市から大磯町まで伸びている国道134号線沿線、特に横須賀市の長者ヶ崎から大磯駅前の沿線が一番現実的なのではないだろうかという立場に立ってみることにする。

車でその国道134号線のルートを走ってみるとほぼ納得できるかと思う。左手に相模湾を見ながら走ることになるが、まさに風光明媚な非日常的な感覚を味わうことができる。それも東京から1時間圏内の至近距離だ。夏は特にサーフボードを抱えて道路を横切る若者の姿も多く、若者文化のメッカとしての面目躍如といったところだろう。

まず長者ヶ崎からスタートだ。長者ヶ崎は行政区的には横須賀市と葉山町の境界にある。ちょうど相模湾に岬が400メートルほど突出している。相模湾岸、江ノ島、富士、箱根、伊豆半島、大島、三浦半島南岸が一望に見渡せる。右手にはプリンで有名な「マーロウ」やバブル期に名を馳せた「ホテル音羽の森」が見える。

やがて左手に葉山御用邸が姿を現す。1894（明治27）年に設置されたこの御用邸には、天皇、皇后は2、3月に訪れる。この御用邸前から国道134号線は山回りになるが、左に曲がって県道207号線に入ることにしよう。いわゆる森戸海岸線だ。国道134号線は1930（昭和5）年に開通したので、それまではこの県道が行幸道路だった。

もちろん県道207号線は海沿いに続く。左手に葉山マリーナが見えてくる。ここは京急グループの経営するヨットハーバーで、映画『海猿』、喜多嶋隆の小説『湘南探偵物語』などにも登場する。その先は逗子市の渚橋に至り、国道134号線と合流する。左手にはかつての「なぎさホテル」と向かい合う形で逗子海岸が広がっている。逗子市の中心街を右手にして車は高級住宅地として知られる丘の上の披露山庭園住宅地の横を抜け、小坪漁港、逗子マリーナのリゾートマンション群を左手に見てトンネルを抜けると材木座だ。

材木座からは鎌倉市に入る。市内を流れる滑川がここに河口を持ち、川を挟んで東側を材木座海岸、西側を由比ヶ浜と称している。明治期には海水浴場になり、夏目漱石『こころ』にも描かれて有名になる。そして由比ヶ浜である。この辺りは鎌倉時代には御家人同士の戦さの場として知られているが、現在ではすっかりサーファーのメッカといったところだ。夏になると国道134号線はしばしば渋滞に陥る。

この界隈では国道134号線は江ノ島電鉄と並走する。大仏や観音で有名な長谷、茅葺《かやぶき》の山門のある極楽寺、日本の渚百選にも選ばれ、サーフィン、ウィンドサーフィンを楽しむ若者で賑わう七里ヶ浜、そして新田義貞の古事で知られる稲村ヶ崎を左手に見ながら藤沢方面へ向かう。

藤沢市の入口は片瀬海岸、そして江ノ島だ。片瀬海岸は境川を挟んで東浜、西浜に分かれており、地理的にはその境川河口に江ノ島が位置している。江ノ島は陸繋島《りくけいとう》で弁才天を中心に江戸時代から観光地として知られていた。今でも「湘南」を象徴する江ノ島だが、橋を左手に見て走ると新江ノ島水族館を過ぎる。そこからは海岸沿いに湘南海岸公園が先に延びていく。実際には門前町の性格を持つ江ノ島だが、現在では展望台を含めて広範囲な観光客を集めている。

そして次は鵠沼《くげぬま》に入る。当初は海水浴場、その後は別荘地、そして高級住宅地と発展していったところだ。政財界、学界の重鎮たち、作家や映画関係者なども居を構え、周辺に公園開発、ビーチスポーツのインフラ整備なども行われ、「湘南」のひとつの顔ともいえるだろう。とにかく小説、映画などで鵠沼は数多く舞台として扱われている。

辻堂も行政区としては鵠沼同様、藤沢市だ。辻堂海岸にも海水浴場があるが、明治時代にこの海岸は海軍の砲術試験場及び陸戦演習場になり、戦後も在日米軍の演習場になった時期があり、他の海岸とは趣を異にしている。現在はその演習場跡は辻堂海浜公園となり、ジャンボプールや交通展示館・公園などもある。ＪＲ辻堂駅は海岸からは距離があり、ＪＲ藤沢駅からもそれ以上の距離がある。

辻堂の隣は茅ヶ崎だ。サザンオールスターズの代名詞になっているこの海岸は「サザンビーチ」と名前が変わり、そこからはあの烏帽子《えぼし》岩が見える。かつてはパシフィックホテルのあったこの辺りは、明治時代には療養所「南湖園」などもあった。もちろん加山雄三の存在も忘れてはいけないが、「湘南」の海のイメージを代表するビーチだといえる。ただ国道１３４号線からは左手に松林がグリーンベルトを形成しているので、直接的に海岸を見ることは困難である。

茅ヶ崎を抜けて相模川を越えると平塚に入る。ここはかつての宿場町で、商工業が「湘南」

の各都市より発達しているといえる。軍需産業に端を発し、現在では自動車関係の工場が数多く存在する。海岸沿いは湘南海岸公園として整備されているが、片瀬、鵠沼の同名の公園は県営、こちらは市営になっている。海が急に深くなっていたり、流れが強かったりして海水浴場には適していないとされていたが、２００２（平成14）年に護岸工事を行い、新たに作られた。

そして花水川を越えて大磯に着く。ここは明治時代から政界、財界の人々がこぞって別荘を建てたところだ。２００９（平成14）年春に旧吉田茂邸が火事になったことで大きな話題になった。大磯は「湘南」の中ではまだ牧歌的雰囲気を漂わせているが、保養のための海水浴場としては早くから整備されたところで、現在もなお、多くの人々を集めている。ジャンボプールの大磯ロングビーチが有名だ。ＪＲ大磯駅が国道１３４号線の終点になる。

さてちょうど本書で考える「湘南」の範囲を辿ってきた。ほぼ共通のイメージが描かれることが理解できるだろう。まず「海」の存在だ。これがイメージの基本になっているかと思われる。一般の人々に聞いてもまず「湘南」といえば十中八九は「海」を連想するに違いない。「湘南」以外にも全国には「海」を中心にしたイメージ形成が行われている地域も少なくない。しかし「湘南」はその中でもブランドとしては最高位に位置するといえる。

大磯別荘地（ベルツ博士、維新の元勲たち）

明治維新によって当時の西欧の流行であった海水浴保養が日本にも流入し、逗子や葉山、鎌倉、藤沢などの相模湾沿岸が海水浴に適した保養地として注目されて富裕層など特権階級者の別荘地となり、現代の「湘南文化」の礎となる風俗文化が生まれた。1897（明治30）年に赤坂から逗子に転居した徳冨蘆花《とくとみろか》が逗子の自然を國民新聞に『湘南歳余』として紹介、翌年、1898（明治31）年の元日から大晦日までの日記を『湘南雑筆』として編纂し随筆集『自然と人生』（1900［明治33］年）を出版すると「湘南」の呼称が広まった。蘆花がこの随筆の中で描写した自然の一例として、逗子から相模湾越しに望んだ富士山や相豆の山並みが挙げられる。

明治に入ってからベルツ博士が海水浴の健康への効果を説いたことに端を発して、医師の松本順が大磯に別荘を建てて海水浴を奨励した。大磯は波が適度に荒く海水浴にはもっとも適しているとされた。大磯は明治時代以降、「湘南」を代表する別荘地となった（図3）。

その後、大磯に別荘を構えた人々には林薫、後藤象二郎、河野敏鎌、小笠原忠悦、樺山資紀、稲葉久通、徳川義禮、山内豊景、陸奥宗光、伊藤博文、酒井忠道、徳川茂承、鍋島直大、大隈重信、渡辺千秋、西園寺公望、加藤高明、真田幸正、梨本宮守正、伊達宗陳、池田成彬、寺内

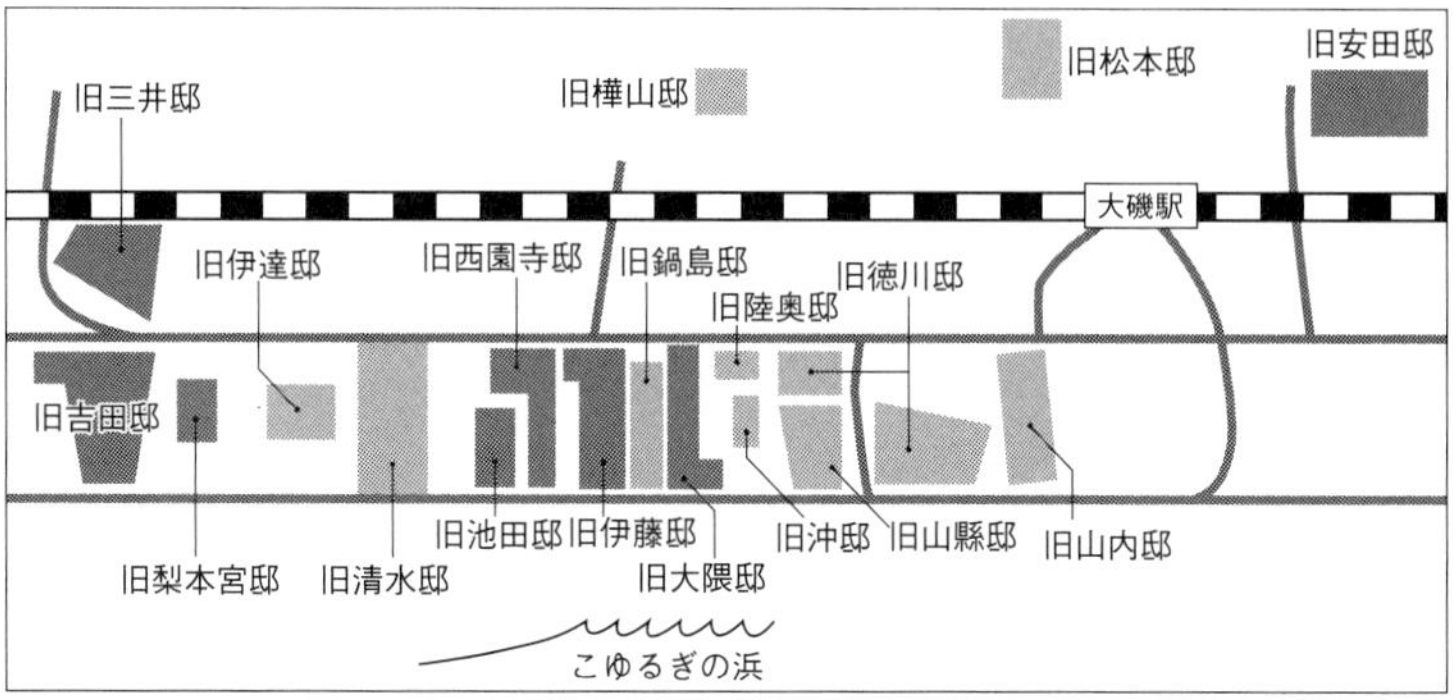

図3　大磯別荘地

正毅（以上政界人）、浅野総一郎、森村市左衛門、三井高棟、岩崎弥之助、古河市兵衛、原六郎、村井吉兵衛、根津嘉一郎、井上準之助、安田善次郎、住友寛一（以上財界人）などがいる。

　これらの人々の縁で、独自の別荘文化が育まれ、旧東海道の松並木の名残をとどめる「元勲通り」には、伊藤博文の「滄浪閣《そうろうかく》」（5500坪）、西隣は西園寺公望の別荘「隣荘」（4400坪）が建っていた。西園寺邸はその後、三井財閥指導者で大蔵大臣も務めた池田成彬が跡地を購入、二階建ての洋館を建てた。東隣には旧陸奥宗光邸、旧鍋島直大邸、旧大隈重信邸があり、現在はこの地、約6万坪を2018（平成30）年の「明治維新150年」に合わせて国、県、町で整備に取り掛かっていた。

　「滄浪閣」は伊藤がもともと小田原に建てたものだが、1897（明治30）年に彼は大磯に邸宅を建て、本籍も大磯に移した。小田原も山縣有朋、黒田長成、大倉喜八郎、松永安左ヱ門、益田孝などの政財界人の別荘が集まっていたが、大磯を中心にした元勲、宰相、財界人の別荘文化の萌芽は、「湘南」のひとつのイメージを形成することに大きく寄与した。つまり富裕層に人気の場所というブランドの形成でもある。

もちろん1894（明治27）年に葉山に御用邸が作られるが、嚆矢《こうし》として1891（明治24）年には有栖川宮別邸、1893（明治26）年には北白川別邸が建てられる。1914（大正3）年には東伏見宮別邸も建てられ、葉山は皇族の別邸の集積地になっていく。この一連の動きも葉山のみならず、さらに「湘南」の富裕層に支持される高級イメージの形成に寄与していくのである。

海水浴はイギリスで始まったとされ、そこから欧米に普及し、明治時代の初期には夏の生活の一部になっていた。当時、日本を訪れた外国人が片瀬・江ノ島で海水浴をした記録が残っている。例えば1872（明治4）年夏、フランスの法律家J・ブスケ、1876（明治9）年にはフランスの東洋学者E・ギメ、1877（明治10）年にはアメリカのE・モースなどがいる。ドイツの医師E・ベルツは1879（明治12）年に内務省から海水浴場に適する場所について諮問を受けた際にも、片瀬を適地として推薦している。彼は海水を治療や療養に利用することを推奨していた。

大磯海水浴場の開設は、陸軍軍医総監を勤めていた松本順に関わるところが大きい。松本はかねてから海水浴に注目しており、海水浴を実施するのに適切な海岸を探していた。そして1884（明治17）年、大磯の海浜が海水浴に適することを発見し、地元の有力者に海水浴の効能と、海水浴場の開設が大磯の発展に力を添えるものになることを説き、翌、1885（明治18）年、開設に至ったというのが、大磯海水浴場の起源である。

もちろん片瀬や大磯以外にも横浜の富岡、鋸南の保田、神戸の須磨、鎌倉の七里ヶ浜、由比ヶ浜などもほぼ同時期に海水浴場になっていた。しかしばらくはコレラの流行で、今ひとつ浸透しなかった。とはいえ1887（明治20）年、大磯に祷龍館《とうりゅうかん》が完成、上流階級に耐え得る高級な施設であった。8月には歌舞伎役者や落語家が、300人の招待客を接待するという開業式が行われた。同年、松本順は『海水浴法概説』、翌年には『大磯海水浴』を出版、大磯が最良の海水浴場であると強調し、大磯海水浴場の名前が一般認知されるようになった。

大磯とほぼ同時期に鎌倉の由比ヶ浜にも木造洋館、館内は全て洋式で設えられた鎌倉海浜院が開業し、食事も保養の一環として、三食洋式が取られたようである。こちらは長与専斎の影響下にあり、海水浴は医師や監視員の付添の下、スケジュールに従う形で1日1回から2回実施されたという。

また「湘南」の海水浴場が活況を呈するには、もうひとつの理由があった。1887（明治20）年には、鉄道が国府津まで開通したのである。これ以降、新聞の往来記事にも元勲、大臣などの休暇の動向が伝えられるようになる。また皮肉なことに鉄道沿線から外れた富岡は客足も減り、逆に遠方にあった藤沢周辺、大磯などは大いに賑わう。以降、沿線には逗子、茅ヶ崎、平塚、国府津などにも海水浴場が次々に開設されていくことになる。この横浜から国府津までの鉄道の延伸により、現在の「湘南」の範囲の原型が形成されたという見方もできるだろうし、「湘南」の海のイメージ形成の契機になったように思われる。

サナトリウムと「湘南」

また見落としてはならないのは、海岸が当時、死に至る病だった結核に効果的だとされたことだ。結核は明治以降、急激に顕在化し、拡散していった。ベルツは日本人の結核にも目を向け、ヨーロッパで一般化していた転地療法思想と清浄な酸素を多く含んだ海気を吸って体力を養う保険保養思想を説き始めた。そして彼は転地療法に相応しい場所を探し始める。江ノ島、熱海、箱根、伊香保、国府津、真鶴を経て、もっとも気に入った場所が葉山であった。彼はそこに自ら別荘を構えることになる。

ベルツが主張した「サナトリウム療法」は、前掲した内務省衛生局長であった長与専斎が1887（明治20）年に鎌倉由比ヶ浜に作った療養施設、鎌倉海浜院が最初に行なった。以降、相模湾沿岸には大規模サナトリウムや結核専門病院が次々に開業し、一帯は結核の療養地として存在感を示し始める。1892（明治25）年に鎌倉病院、1897（明治30）年に平塚杏雲堂分院、1899(明治32)年に腰越恵風園、1900(明治33)年に南湖院、1909(明治42)年に鈴木療養所、1920(大正9)年に額田保養院、1926(大正15)年に湘南サナトリウム、1929(昭和4)年に聖テレジア療養所、同年に長谷川病院と続いた。

日本のサナトリウムは、海浜から内陸部へと移行していくが、また1920(大正9)年に開設された東京市立療養所(現在は国立療養所中野病院を経て、国立国際医療センターに統合)、1931(昭和6)年に開設された東京府立清瀬病院(現在の独立行政法人国立病院機構)をはじめとして東京にも結核患者を受け入れる医療施設が増えていくことになる。この背景には結核患者の急増があるものと推測できる。1883(明治16)年には結核による年間死亡者数は1万3千8百8人に達しており1918(大正7)年には14万7百47人とピークを迎える。

しかし1945(昭和20)年末にストレプトマイシンが一般的に使用されるようになり、さらに昭和40年代に入ってからヒドラジド、リファンビシンなどが開発され、結核に対して大きな効果を見せるようになるまでに、およそ一千万人の日本人が命を落としたとされる。

「湘南」でもサナトリウムの近隣には結核療養者を宿泊させた貸家、下宿も増えた。鎌倉では別荘を持てない避暑客が農家、素人家を借りて逗留することも多くあった。これらの貸家や下宿は本来的には夏場の需要に応じての目的で運用されていたが、商売の効率を上げるために年間を通じて貸し出されるようになり、そこに病気のための療養者が住むようになる。

サナトリウムに入ることが経済的に難しい人々も、このような貸家、下宿に住みながらサナトリウムに通院することも可能だった。鎌倉では1911(明治44)年の調査で貸家として登録された家が422戸、貸間として登録されたものが196戸(1033部屋)に上ったという。

結核といっても現代の日本人にはピンと来ないかもしれないが、身近なところでいえば宮崎駿の『風立ちぬ』がサナトリウムを描いている。もちろんタイトルにあるように堀辰雄の『風立ちぬ』をベースにしているのだが、いずれも軽井沢が舞台で、堀辰雄の方は実際の婚約者である矢野綾子をモデルにしており、彼女は長野県富士見町にあった富士見高原療養所に入っていた。当時として結核は卑近な存在の病であり、堀辰雄自身も19歳のときに発病している。

「湘南」でも結核の伝染を危惧した地元民がサナトリウムの開設に反対したことも多くあったという。公衆衛生思想が未成熟の時期だ。現在では考えられないが、「湘南」は当時、結核療養者の保養地というイメージを持っていたはずだ。戦後、「湘南」にとっては幸か不幸か、このイメージが払拭できたことが大きい。また別荘も海水浴もサナトリウムも鉄道網の発達が大きく影響している。1887(明治20)年、横浜~国府津の区間で東海道線が開通した。その時点で程ヶ谷駅(現在の保土ヶ谷駅)・戸塚駅・藤沢駅・平塚駅・大磯駅・国府津駅が開業し、東京から「湘南」へのアクセスが格段とよくなった。それまでは夏を海辺で過ごすというときには房総も強力な選択肢のひとつだったが、鉄道敷設は「湘南」に比べて大幅に遅れた。

また1889（明治22）年に大船駅〜横須賀駅間が開業した。これで途中の鎌倉に行くのに便利になり、江ノ島電鉄は1902（明治35）年に藤沢〜片瀬（現在の江ノ島）間が開業、1910（明治43）年に小町（のちの鎌倉、現在廃止）まで開業した。これで一応、藤沢〜江ノ島〜鎌倉のルートが繋がった。いわゆる回遊性を保持することができるようになり、観光化も進展を見せ始めた。

御用邸とマリーナ

葉山の御用邸も、明治期の先述した保険保養思想に基づく施設のひとつと解釈してもよい。御用邸とは天皇や皇族の別荘であり、年に数回、静養を兼ねて避暑や避寒で訪れる。宮内庁の定義では、一定規模の建造物と敷地を有するものを離宮とし、小規模のものを御用邸と称している。制度として定まったのは1893（明治26）年のことで、葉山、沼津、日光の3ヶ所にほぼ同時期に設置された。葉山御用邸はやはりベルツの進言を受け、英照皇太后の保養や嘉仁親王（のちの大正天皇）の健康のために1894（明治27）年に竣工した。その後、1897（明治30）年には隣接の徳川茂承邸を買い上げて、葉山南御用邸とし、さらに1905（明治38）年には三宮錫馬邸を編入し、葉山御用邸付属邸ができたと平凡社『世界大百科事典』には記載されている。1926（大正15）年に、大正天皇が御用邸内で崩御し昭和天皇に皇位が継承された、歴史的な舞台としても知られる。

「湘南」にはその後、1899（明治32）年に鎌倉御用邸が設置され、1931（昭和6）年に廃止されている。跡地は現在の鎌倉市立御成小学校、鎌倉市役所になっている。また1901（明治34）年には小田原城内に小田原御用邸が設置され、これは1930（昭和5）年に廃止されている。これらの御用邸は別荘文化が寄与する「高級・富裕層」イメージを増幅することに影響を与えていると思われる。特に葉山は中でも豊かな緑の丘陵地が多く、一年を通じて穏やかな気候が特徴だ。こうした環境のよさから、1880（明治13）年頃から保養地として知られるようになり、富裕層を中心に、多くの別荘がこの地に建てられている。

現在の葉山は公共交通の利便性は高くはないが、「湘南」に自動車で行く人々にとっては、魅力的なところになっている。洒落た飲食店も点在し、逗子にもあるが、葉山にもマリンスポーツの拠点になるマリーナがある。葉山マリーナは1964（昭和39）年の東京オリンピック開催に合わせて開業された。ここは東京オリンピックにおいてのセーリング競技のサブマリーナという位置付けで、味の素の創業者、鈴木三郎助の生家のあった土地に建設され、競技選手や関係者の宿泊施設として利用された。

大会後はリゾートホテルとして運営され、大型野外プールやボウリング場なども併設され、当時先駆けだった複合リゾート施設として多くの人々を集めた。1983（昭和58）年に現在の施設に建て替えられ、ヨットハーバーに重点をおいた副業商業施設としてリニューアルスタートし、これまでも「ニッポンカップマッチレース」や数々のクラブレースが開催されるなど、ヨット愛好家の憧れのマリーナになっている。

日本にヨットが伝えられたのは、横浜の居留地に住む外国人がヨットクラブを作ったのが最初とされるが、1882(明治15)年、当時の農商務司法大臣であった金子堅太郎の子息が、葉山で楽しんだのが日本人による最初のヨットといわれる。この延長線上にある葉山マリーナは日本でもハイクラスのマリーナとされており、松任谷由実のコンサートが行われていたことでも知られている。ただその後、彼女のコンサートは近隣に立地する逗子マリーナに変わる。逗子マリーナは1971(昭和46)年に西武流通グループ(のちのセゾングループ)によって開業した。

こちらの方は逗子市小坪の岩礁を埋め当てて造成し、敷地内にはマリーナ、マンション、レストラン、スイミングプールなどが配置されている。マリーナには海上係留と陸上艇置併せて約280艇のクルーザー及びボート、ヨットを置くことができる他、ビジター用バースもある。松任谷由実だけではなく、1980年代後半のバブル期にはしばしばテレビドラマや映画、CMなどの撮影で使われることも多かった。ただ現在はリヴィエラファシリティーズに事業譲渡されている。

マリーナを利用する客は富裕層だろう。御用邸とマリーナが葉山の象徴だとすれば、特定のイメージが創出されることになる。これも「湘南」のひとつのイメージ形成に繋がっていくのだ。

一般イメージ

一般的には「湘南」はどのようなイメージで捉えられているのだろうか。「湘南」の範囲については、アンケート調査等も行われているが、意外なことにイメージに関しては各自治体等で実施されてはいるものの、「湘南」全体としてのイメージ調査はほぼない。鈴木裕美、近藤健雄、山本和清による「湘南ブランドの価値に関する研究」（２００３年）はサンプル数も少なく、項目も選択式を取っており、アンケート調査としての精度にやや難はあるが、「地元住民の「湘南」のイメージ上位3位は「江ノ島」22人（36%）、「海」11人（18%）、「サーフィン」8人（13%）」であった。

一方、地元住民以外の神奈川県民は「サザンオールスターズ」12人（31%）、「サーフィン」8人（22%）、「海」、「江ノ島」、「鎌倉」が同じ4人（11%）であり、神奈川県以外の住民は「サザンオールスターズ」16人（28%）、「江ノ島」15人（26%）、「サーフィン」7人（12%）であったとしている。このことから、地元住民の54%が江ノ島および海という環境に「湘南」ブランドを感じている一方、地元以外の神奈川県民の53%、神奈川県以外の住民の40%が「サザンオールスターズ」、「サーフィン」といった非環境に「湘南」ブランドを感じていることも追記されている。

例えばもう少し選択肢が多く、幅広ければもう少し階層によってのイメージも見えてきたのかもしれない。しかしながら「湘南」のイメージとして前面に出てくるのは「海」であろう。このアンケートの選択肢には入っていないが、「夏」というイメージももちろんあるに違いない。またブランド総合研究所の「地域ブランド調査2017」によれば、市町村別で鎌倉は全国5位（前年度7位）にランキングしている。1位が京都、2位が函館、3位が札幌、4位が小樽ということなので、一定のブランド価値を持っているといえるだろう。サグーワークスが2018年に全国50名にインターネット調査で鎌倉のイメージを聞いているが、「観光」イメージが強いという結果が出されている。土産物屋が多く、また鎌倉大仏のような観光スポットも多いというのがその背景にあるのだろう。また同時に「伝統」というイメージも持たれていることも明瞭になっている。しかしこの調査もサンプル数が少ないことで幾分の偏差があるかもしれないが、ただ結果としては納得の範囲であろう。

もちろん性別、年齢などの属性や階層によっても「湘南」のイメージは違うかもしれないが、相対的に見ると鎌倉、葉山をはじめとした別荘文化が寄与する「高級、富裕層」イメージ、海やサザンオールスターズに代表される「若者」イメージ、『湘南爆走族』などに表現されるヤンキーイメージ、この三層が重層的に組み合わされて「湘南」のイメージが形成されているのではないかというのが、本書における仮説である。よって本書はその仮説を検証するという方向で進めていければと考えている。

「湘南」ナンバー

自動車の「湘南」ナンバーは1994（平成6）年10月31日に、「相模」ナンバーから分離して誕生した。管轄局・事務所は関東運輸局神奈川運輸支局湘南自動車検査登録事務所（平塚市）になる。その管轄地域は、平塚市、藤沢市、小田原市、茅ヶ崎市、秦野市、伊勢原市、南足柄市、高座郡、中郡、足柄上郡、足柄下郡になる。自動車ナンバーにも人気があって、例えば2014（平成26）年にインズウェブで実施した「ナンバープレートに関する人気調査」によれば、「湘南」ナンバーは「湘南」及び横浜在住の人々からの強い支持で1位になっている。回答者は2280人、同調査で人気の高かった地域名トップ10は次の通りだった。1位「湘南」（341人）、2位「品川」（314人）、3位「富士山」（276人）、4位「横浜」（251人）、5位「神戸」（109人）、6位「世田谷」（67人）、7位「なにわ」（53人）、8位「札幌」（52人）、9位「大阪」（36人）、10位「奄美」（33人）となっている。

おそらくこの結果にも「湘南」のイメージが影響を与えているといえる。東京でも従来、「品川」や「世田谷」ナンバーは人気があり、「足立」、「練馬」ナンバーが比較的、人気薄なのはやはり地域の持つイメージの問題なのだろう。品川、世田谷は高級住宅地のイメージを持っているが、どちらかといえば「湘南」ナンバーは、「横浜」ナンバーに近い感覚で捉えてもいいのかもしれない。横浜も「湘南」に似た重層イメージを持っている。2012(平成24)年に実施された横浜市文化観光局の調査における、「横浜市のイメージ」に対する設問では、「都会的な」、「おしゃれな」、「魅力的な店が多い」、「わくわくする」が他都市と比較して最も高くなっており、神戸と同様の傾向になっている、一方、横浜のイメージが低い項目は鎌倉・箱根で高く、補完関係にあるとしている。

この調査は回答数5963人、うち横浜市在住者が1131人であった。以下に示すが(図4)、ここには鎌倉も選ばれている。鎌倉は「歴史がある」「文化芸術を感じる」の項目で、京都と並んで突出している。つまり「湘南」の中でもイメージとして、どちらかというと歴史の積層を示すものになっていることがわかる。つまり鎌倉は「湘南」に地理的には組み込まれているが、ブランドとしては同格のブランド、もしくは単独のブランドになっていると捉えてもいい。

ただ鎌倉は「湘南」ナンバーではなく、「横浜」ナンバーなのだ。同様に横須賀も「横浜」ナンバーであり、たとえば2017(平成29)年、横須賀市が単独ナンバーに関するアンケート調査(市民4000人、事業所2432ヶ所)を実施したが、その結果、有効回答数でいえば市民は賛成48・3%、反対33・8%、事業所は賛成38・9%、反対47・0%ということになり、断念したという経緯がある。やはりブランド価値でいうと、「横浜」は「横須賀」に勝っていると捉えている横須賀市民や事業所も少なくはないということなのだろう。

このような単独ナンバーには当該地域において、登録されている自動車の数が10万台を超え

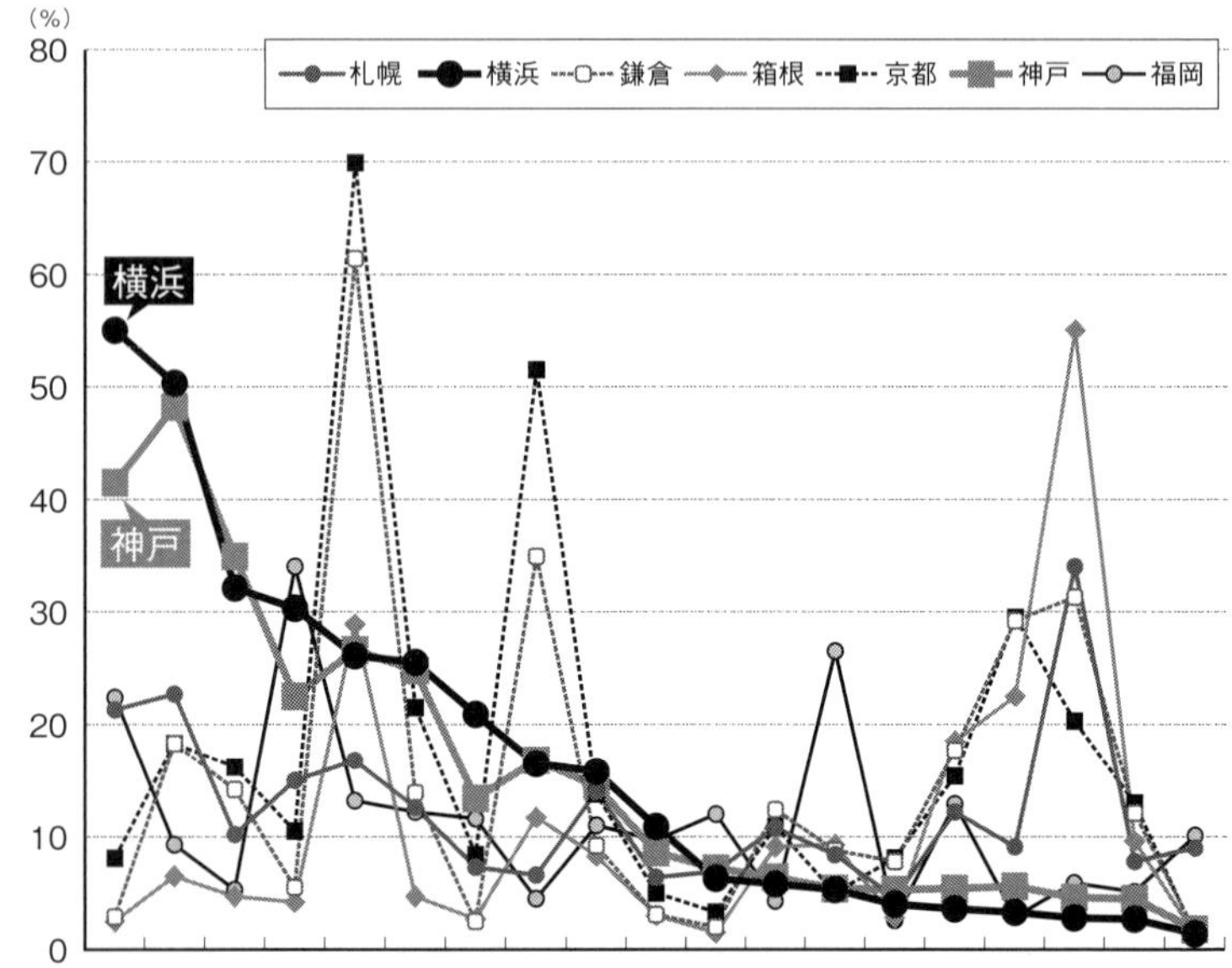

	都会的な	おしゃれな	センスがある	活気がある	歴史がある	魅力的な店が多い	便利な	文化芸術を感じる	わくわくする	将来性がある	これから発展しそう	治安が良い	庶民的な	子供の教育に良い	温かみがある	落ち着いている	自然が豊か	優しい	物価が安い
札幌	21.0	22.7	10.2	15.0	16.8	12.6	7.3	6.6	14.0	6.4	6.9	10.8	8.4	4.6	12.2	9.1	34.0	7.8	9.0
横浜	55.0	50.3	32.1	30.3	26.1	25.5	20.9	16.5	15.8	10.9	6.3	5.8	5.3	4.0	3.6	3.3	2.8	2.7	1.4
鎌倉	2.9	18.3	14.2	5.5	61.4	13.9	2.5	34.9	9.2	3.1	2.0	12.4	8.8	7.8	17.7	29.2	31.3	12.1	1.6
箱根	2.5	6.5	4.7	4.2	28.9	4.7	2.7	11.7	8.3	3.0	1.5	9.1	9.3	2.8	18.5	22.5	55.0	9.6	1.3
京都	8.1	18.3	16.2	10.5	69.9	21.5	8.4	51.5	13.8	5.0	3.3	10.9	5.0	8.1	15.4	29.5	20.3	13.0	1.3
神戸	41.5	48.2	34.9	22.5	26.6	24.8	13.4	16.8	14.5	8.6	7.2	6.4	5.4	5.3	5.4	5.6	4.6	4.5	1.8
福岡	22.4	9.3	5.3	34.0	13.2	12.2	11.6	4.5	11.0	9.7	12.0	4.3	26.5	2.6	12.9	2.9	5.9	5.1	10.1

図4　「横浜の魅力に関する調査」（横浜市文化観光局ホームページ／2012）

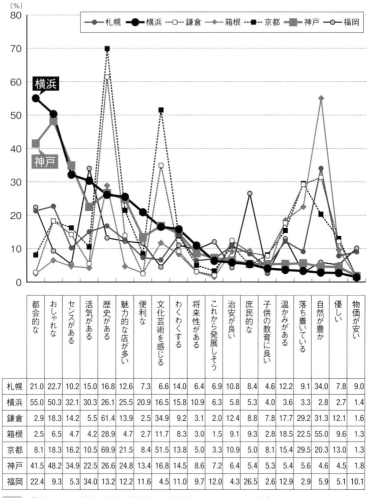

ていることが条件とされていたが、この条件が2017（平成29）年に5万台に緩和され、鎌倉は登録台数が約5万台であり、市民レベルでの申請の動きも出てきているようだ。鎌倉市民は「横浜」より「鎌倉」を選択する意志の強さが垣間見える。

「湘南」ナンバーそのものの人気は高いものの、先に触れたJタウンネット神奈川のアンケート調査では、この「湘南」ナンバーの示す範囲が、一般イメージとしての「湘南」の範囲との整合性が取れていないという意見が多くを占めた。結局は「湘南」ナンバーの示す範囲には、「海」という「湘南」のイメージから乖離《かいり》した内陸部のエリアも含まれているからに他ならない。「湘南」ナンバーはどちらかというと機械的に設定された印象が否めない。この範囲設定には不自然さを感じる向きも少なくはないだろう。

「湘南」ブランドの使用例

筆者は教員になる前に音楽関係の仕事を長くやってきたので、「湘南」サウンドがまずブランドとして思いつく。「湘南サウンド」は、1960年代以降、神奈川県「湘南」（主に茅ヶ崎市）育ちの若者を中心に発表された、海やスローライフを主なテーマとする一連のライトミュージックとされている。加山雄三、ザ・ワイルドワンズ、ブレッド&バターからサザンオールスターズ、TUBEなどが代表的なアーティストだといえる。これらが「湘南」を彩る一連の音楽になっている。加山雄三&ランチャーズを中心に描いた『1966年の「湘南ポップス」グラフィティ』(松生恒夫・宮治淳一共著/2016年)では、「湘南」サウンドより広義に捉えて、「湘南」ポップスを定義している。同書によると、洋楽テイストにあふれた日本、特に「湘南」を中心にアメリカンポップスにも負けない音で作られたポピュラーソングを「湘南ポップス」と命名している。

そこにはニッポン放送の亀淵昭信が、ザ・ワイルドワンズが「湘南」サウンドを作ったグループのひとつと言ったとか、大滝詠一が「湘南」サウンドの起源は1958年の石原裕次郎主演の映画『狂った果実』としているとか述べられているが、筆者たちはもっとポップなものを志向して「湘南」ポップスというカテゴリーを意識したのだと思われる。とはいえ音楽は「湘南」を象徴する一種のブランドだと捉えることができる。これも「湘南」のイメージ形成に大きく寄与しているに違いない。

また宮治が上梓した『MY LITTLE HOMETOWN 茅ヶ崎音楽物語』(2017年)は、茅ヶ崎に焦点を当て、何故、一地方都市に過ぎない茅ヶ崎が、加山雄三、サザンオールスターズをはじめとした綺羅星のような多くの音楽家を輩出しているのかについて考察したものだが、いわゆる「場所論」的なアプローチの論考だ。その場所には固有の何かがある。つまり茅ヶ崎には固有の何かがあり、それが音楽という形を通じて表現されているということでもあるのだろう。

「鎌倉シャツ」「鎌倉ハム」などは御存じだろうか。先に鎌倉のイメージについて触れたが、これらもそのイメージと同文脈にあるのかもしれない。前者の正式名称は「メーカーズシャツ鎌倉」であり、「上質の国産シャツを、５０００円で販売する」というコンセプトの下、メンズシャツや婦人物のシャツブラウスを一枚５０００円（税抜き）の低価格で製造・販売している。価格的には高価ではないものの、生地は主に１００番双手以上の細糸の綿を、ボタンには高瀬貝や白蝶貝を使用し、国内工場で熟練工の巻き伏せ本縫いによって縫製され、高級感にあふれている。

後者は明治初頭にイギリス人、Ｗ・カーティスが畜産業を始め、横浜で外国人相手に販売を行うところから始まっている。発祥地の現在の住居表示は横浜市戸塚区上柏尾町である。だが名称から鎌倉の産品と見なされ、鎌倉の土産や贈答品としても用いられている。大量生産のものだと、数日間で終える工程を、２週間という時間をかけて丁寧に作っていく点に特徴があり、やはり高級感漂うものになっている。

鎌倉は「湘南」にとって微妙なブランドで、ときには同格、ときには単独のブランドとして存在しているものだが、やはり「歴史がある」「文化芸術を感じる」というイメージが付加されているように思える。

一般的な地域ブランドとしては、１９９２（平成４）年から神奈川県が進める「かながわブランド」がある。組織的な生産体制に基づき、品質、生産量並びに供給体制の向上及び安定を目指す県内産農林水産物及びその加工品のことをいう。

「湘南」シラス、「湘南」はまぐりなども認定されているが、まだ浸透度からするとブランド化は確定していないように思われる。ただこの「湘南」ブランドは不動産や大学にも使われることが多く、前者でいえば横須賀市秋谷などは分譲地販売の際に「南葉山」とネーミングしているし、またエリア全域に「湘南」を名乗った物件という売り出し方もしている。後者でいえば慶應義塾大学「湘南」キャンパス、東海大学「湘南」キャンパスのようにネーミングして、受験生等に好感を持たれるような工夫をしていると見ることができるだろう。

コンテンツ作品によるイメージ形成

各論は後に回して、ここでは総論を述べることにする。前節でも触れた「湘南」サウンドがこの範疇に入るだろう。ただここで示すコンテンツ作品とは小説、音楽、映画、マンガ、アニメ、音楽などの創作物のことである。もちろん「湘南」を舞台にしたコンテンツ作品は枚挙に暇がなく、おそらく「湘南」の重層的イメージ形成にはこれらのコンテンツ作品も大きく寄与しているだろうことは想像に難くない。

コンテンツによるイメージ形成に関しては、コンテンツツーリズムの議論が卑近のものといえるだろう。コンテンツツーリズムは、2016（平成28）年に「聖地巡礼」が流行語大賞のベスト10入りしたり、角川書店やＪＴＢなどがアニメツーリズム協会を設立したりと、アニメが中心ではあるが、インバウンドも視野に入れた施策展開が増え、観光行動として一般化したといえるだろう。最近では数多くの若手の研究者が、この領域で活発に議論をされているのを拝見する機会も増えた。

振り返ってみると本格的に研究が始まったのが、やはり２００５（平成17）年以降になるだろうか。コンテンツツーリズムが国によって言及されたのは、２００５年に国土交通省総合政策局、経済産業省商務情報政策局、文化庁文化部から出された「映像等コンテンツの制作・活用による地域振興のあり方に関する調査」での「コンテンツツーリズムの根幹は、先述したように地域に「コンテンツを通して醸成された地域固有の雰囲気・イメージ」としての「物語性」「テーマ性」を付加し、その物語性を観光資源として活用することである」という定義が当時、なされたが、これは「湘南」のイメージ形成にも当てはまるに違いない。

おそらく住民以外の多く、つまり観光客は「湘南」のイメージに憧れて、もしくは誘われて足を向けることになる。「湘南」は長い歴史の中で、膨大なコンテンツ作品を生み、それがイメージ形成に大いに寄与していると推測できる。さらに「湘南」ではイメージの複合化が成され、個々に応じたイメージが選択できるという、まさに単独作品ではなく、数多くのコンテンツ作品が複合してイメージ形成が行われてきたということは紛れもない事実であろう。

コンテンツツーリズムは現在、若年層に支えられているといっても過言ではない。若者イメージは一連のサザンオールスターズの数々のヒット曲や小説、映画、マンガによって増幅されていく。実際サザンのヒット曲にも「湘南」の地名を盛り込んだものは意外と多くはない。しかしサザンそのものが「湘南」のひとつの象徴と化したところにポイントがある。またマンガも1980年代以降には重要なイメージ波及効果を持つコンテンツに充分な役割を果たすことになる。マンガでは世界で1億冊以上を売り上げた井上雄彦『スラムダンク』や映画化もされた松本大洋『ピンポン』、長期連載になっている西岸良平『鎌倉ものがたり』、近年では吉田秋生『海街diary』などの「湘南」を舞台とした作品だ。

しかしマンガの文脈で特筆すべきなのは紡木たく『ホットロード』だろう。これは「暴走族」をテーマにした青春ドラマだった。健康的な若者の「湘南」と対峙するあくまでオルタネイティブな若者文化がそこにリアルに描かれている。『ヤンキー進化論 不良文化はなぜ強い』(難波功士著/2007年)ではこの『ホットロード』と映画化もされた『湘南爆走族』を取り上げて「この両作品はともに湘南(から横浜にかけて)を舞台としており、その地域に漂う、まったりとした、しかしどこか垢抜けた「近郊感」も大きな魅力になっている」と評しているように「湘南」の持つ特性を浮かび上がらせている。

つまり若者文化も「湘南」では実際には重層化していることを示している。それはたしかに観光誘因になるものではないが、「湘南」という地域の奥ゆきと広がりとを端的に示す格好のコンテンツとして位置付けられている。

第2章

「湘南」の音楽

「湘南」音楽の基盤形成

先述したように一般的に「湘南」が音楽と結び付いたのは「湘南」サウンド以降と見てもいいだろう。しかし直接的に現在へと繋がる流れかは定かではないが、日本の流行歌のルーツのひとつともいえる明治・大正期に活躍した演歌の草分け的存在である添田唖蝉坊《そえだあぜんぼう》が大磯の出身で、一時期は茅ヶ崎に住んでいたということはあまり知られていない。彼は1872(明治5)年に大磯で生まれた。18歳のときに横須賀で自由民権運動の流れをくむ壮士たちの唄に接し、演歌師の道を歩むことになる。当時は政府が廃藩置県、地租改正、学制、徴兵令、殖産興業などの政策を実行している中、自由民権運動も盛んな時代で、壮士芝居で有名な川上音二郎も、この時代のものである。もちろん添田は演歌師として人生の大半、東京を居住先としていた。ただ先述したように茅ヶ崎に妻であるタケの実家があることから、不安定な生活を心配した義兄の勧めで、演歌師をやめ、茅ヶ崎でレース加工の工場を経営したことがある。

彼の『唖蝉坊流生記』には、以下のように当時のことが述べられている。

そして茅ヶ崎へ移った。三十六年の夏の終りであった。駅前の、釜成屋といふ古い饅頭屋の前角が私たちの新しい家であった。隣は肴屋といふ宿屋で、鉄道院の車掌が何人か、交替の時の宿にしてゐた。開業祝には、大勢集って、私たちの首途を盛んにしてくれた。茅ヶ崎にたった一人の芸者も呼ばれた。私の下工場をやることになった神主の杉崎鍋之進が首をふりふり田舎唄をうたってゐた。私たちは希望に燃えた。

現在、彼の句碑は茅ヶ崎には長福寺、杉崎家墓地に存在している。前者は妻タケの実家があった菱沼地区にあり、後者は先に触れられている俳句を勧めてくれた杉崎鍋之進所縁の墓地である。

さて壮士芝居の川上音二郎も茅ヶ崎とは縁が深い。彼は1864（文久4）年に福岡で生まれた。1878（明治11）年に故郷を出奔し、大阪、東京へと転じた。その後、職業を転々とし、反政府の自由党の壮士になった。また1883（明治16）年には立憲帝政党員になり、その頃から「自由童子」と名乗り、大阪を中心に政府攻撃の演説、新聞発行などの運動を行い、検挙されることもしばしばだった。

1885（明治18）年には、「改良演劇」と銘打ち、一座を率いて興業を行うようになる。やがて世間を風刺した「オッペケペー節」を寄せで歌い、1889（明治22）年から日清戦争期に最高潮を迎えて評判になる。彼の一座は書生や壮士ら素人を集めたもので、書生芝居、壮士芝居と呼ばれた。なお、1894（明治27）年には人気芸者の貞奴と結婚した。

その後、1889（明治32）年に渡米してシカゴ、ボストン、ニューヨーク、サンフランシ

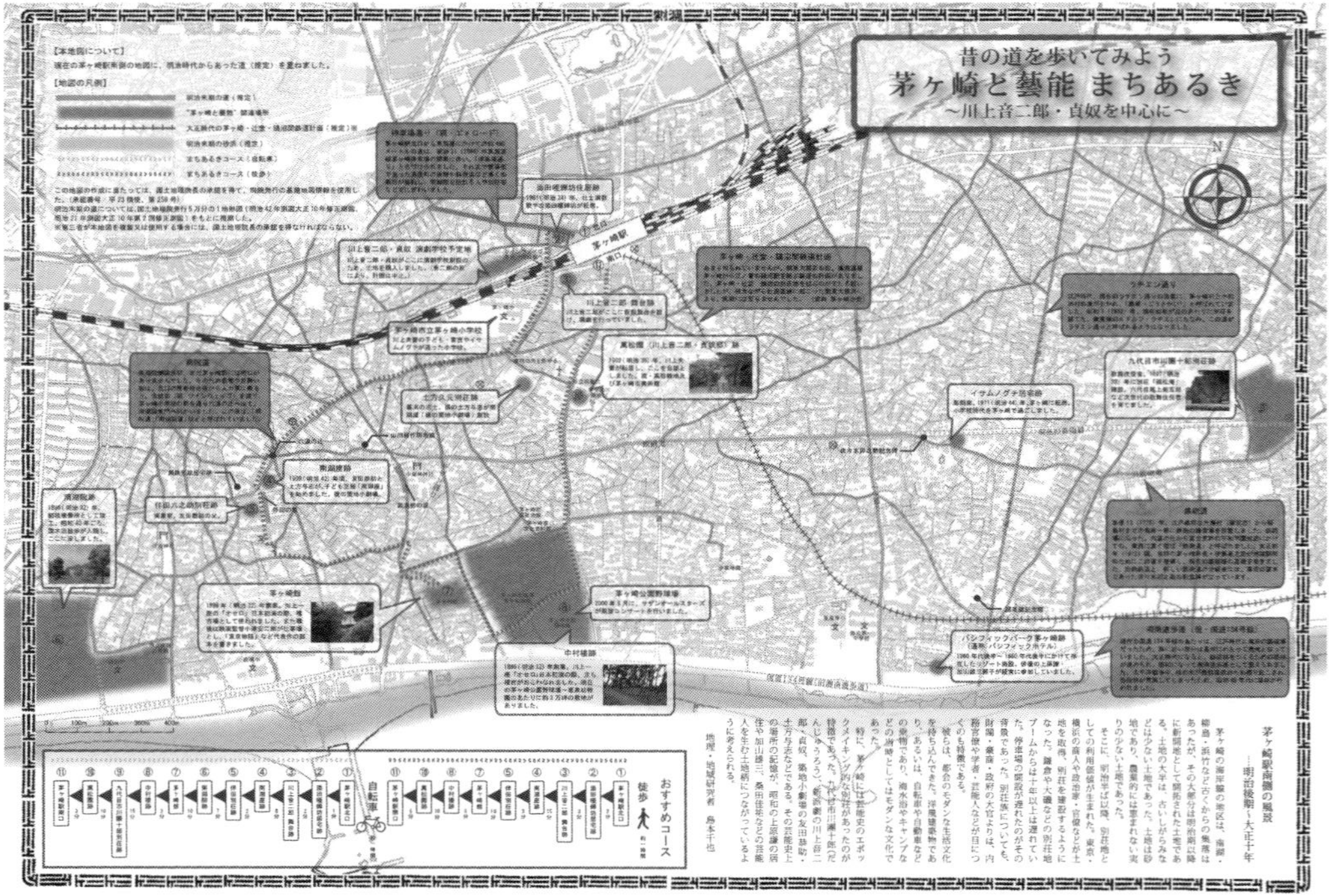

図5　「茅ヶ崎と藝能 まちあるき」（茅ヶ崎市観光協会ホームページ／2015）

スコなどで甚五郎や道成寺などを演じた。貞奴が舞台に立つことになり、翌年にはパリ万博で公演し、アメリカでの興行に続いて人気を博した。さらに翌年、一時帰国後、再びヨーロッパで公演、1902（明治35）年に帰国した。

さて川上音二郎と茅ヶ崎の関係はというと、帰国後、彼は茅ヶ崎に「萬松園」と名付けた邸宅を構えた。高砂緑地という場所である。1903（明治36）年にシェークスピアの『オセロ』が初演されるが、その稽古はやはり茅ヶ崎の旅館、茅ヶ崎館で行われた。また当時の茅ヶ崎駅周辺には仮設舞台が設けられたり、児童劇が上演されたりするなど、茅ヶ崎は近代演劇初期には外せない場所だった（図5）。音二郎が茅ヶ崎に居を構えたのは、尊敬する九代目市川團十郎が別荘を構えていたからだといわれている。なお、後年、團十郎の葬儀の際、音二郎が一切を取り仕切り、関係者に感謝されたという話も残っている。

なお茅ヶ崎を巡る唖蝉坊と音二郎の交流は『唖蝉坊流生記』に「川上一座が来た。月岡清のいた一座も来た」と述べられているに過ぎない。何らかの交流があったかもしれないが、特に深いものではなかったと推察できる。それ以降の茅ヶ崎の音楽には直接、関連性はないものの最初の基盤形成と捉えてもいいのかもしれない。

その後は鎌倉や藤沢などの他地域にも居を構える文化人が増え、例えば藤沢の鵠沼などには岸田劉生、中川一政などの画家、芥川龍之介、田中澄江などの作家たちが転居してくる。また岡田時彦、佐分利信などの俳優が増え始めるのは、1936（昭和11）年に松竹の撮影所が蒲田から大船に移ってきたことが大きい。鵠沼には旅館東屋があり、それがさまざまな人々のハブのような機能を果たしていたようだ。この旅館は1982（明治25）年頃に創業、尾崎紅葉の硯友社の文人、前掲した芥川龍之介、志賀直哉、武者小路実篤など多くの作家が逗留、戦時色が強まる1939（昭和14）年には廃業してしまったが、このように音楽関係の人々のみならず、多くの文化人が集まっていたと見られる。武者小路実篤と志賀直哉はこの旅館で雑誌『白樺』の立ち上げの相談をし、里見弴はこの旅館を舞台に『潮風』という作品を書き、武林夢想案はここで中平文子と出会って結婚したといわれている。

さて戦前の大ヒット映画のひとつに1938（昭和13）年公開の『愛染かつら』がある。松竹の作品だ。野村弘将監督、主演は上原謙、田中絹代、未亡人の看護婦と医師との恋愛を描いた作品で、原作は川口松太郎だった。この作品の主題歌は霧島昇と松原操のデュエットで、映画、主題歌ともに大ヒットした。そして主演の上原謙は1939（昭和14）年、病気がちであった息子の加山雄三の健康のために茅ヶ崎に転居して来た。また不思議な縁だが、霧島昇は1936（昭和11）年「思い出の江の島」という作品を吹き込んでいる。

久保正敏の『歌謡曲の歌詞に見る旅：昭和の歌謡史・詩論』（1991年）によれば、『全音歌謡曲大全集(1)―(6)』に記載されているヒット曲の分析の結果、1928―1934年では地名入りの歌謡曲は40％もあり、他の時期に比べて非常に高いとしている。彼はゆえに昭和歌謡はご当地ソングから始まったと述べているが、この時期では東京、京都、大阪などの憧憬の地としての大都会、湘南、伊豆、箱根などの首都圏観光地などに限定され、それ以降の１９３５−１９４４年では戦線拡大に伴って、満州、上海、タイ、ジャワなどが増えるとしている。すなわち「湘南」は文化人たちの定住を促進しつつも、観光化による集客増加がこの時期にすでに始まっていると見ることができる。

戦後になると「湘南」にも進駐軍として米軍がやってくる。その範囲は横浜から横須賀、三浦半島、そして逗子、葉山から茅ヶ崎の「湘南」海岸一帯であった。そこに米軍の基地や施設が作られた。藤沢から茅ヶ崎にかけての海岸は砲撃や爆撃の演習場になっていた。もちろん現在も時折、起きる米兵の不祥事も発生し、米兵相手の風俗ビジネスも存在していた。

しかし、五〇年代後半になると、米軍基地や米兵たちの姿が徐々に日常の直接的な風景からは遠ざかり、「一部の地域」の問題とされていくにしたがい、この湘南においても「アメリカ」は、単一のイメージに純化されて人びとの意識を捉え始める。たとえば、一九五七年五月一一日の朝日新聞は、湘南海岸のビーチが、いまや「東洋のマイアミ」になろうと躍起になっていることを伝えている。（『親米と反米 - 戦後日本の政治的無意識』吉見俊哉著／２００７年）

つまり戦後の「湘南」は米軍の基地文化の洗礼を受けたともいえよう。そして周辺にはホテルやレストランなどが作られていき、さらに基地から海岸に遊びに来ていた米兵たちがサーフィンを始めたことから現在に至るのである。アメリカ的な「湘南」のイメージはこの時代に形成され、それを『太陽の季節』や『狂った果実』などの映画が増幅していったのだと考えるのが妥当なところだろう。「湘南」サウンドといわれた音楽文化の基盤がすでに存在していたのである。

「湘南」サウンドの誕生

誰もが「アメリカ」に憧れていた時代があった。戦後間もなくからのことだ。第二次世界大戦終戦後はGHQの監督下で復興を目指す日本人にとって、アメリカ文化は資本主義の成功の象徴でもあった。1950年代は日本の家庭にアメリカのテレビドラマが浸透し、当時の三種の神器（電気洗濯機、電気冷蔵庫、白黒テレビ）をはじめとしたアメリカのライフスタイルへの憧れが醸成されていく。もちろん映画、音楽も同様だった。前者ではハリウッド映画が人気を博し、後者ではジャズやロックンロールのファンも増え、特に若者の間に定着していく。それに関連してサーフィンやボウリングなどのスポーツ、ジーンズやアイビーなどのファッション、マクドナルド、コカ・コーラなどの食品にも波及していく。

戦後の貧しかった日本からすれば、アメリカは豊かな国だった。いわゆる大量生産、大量消費のシステムに日本も飲み込まれていったという見方もできる。中村八大は1931（昭和

6）年、青島で生まれる。幼少の頃からピアノや作曲の英才教育を受け、戦後の1950（昭和25）年、早稲田大学に入学、渡辺晋から勧誘を受け、松本英彦、南廣、安藤八郎らと「シックス・ジョーズ」を結成、音楽雑誌『スイングジャーナル』の人気投票でバンドは部門2位、中村はピアニストとして1位になった。1953（昭和28）年、中村、松本、ジョージ川口、小野満の4人で「ビッグ・フォー」を結成、当時のトップアーティスト同士の顔合わせは若者から熱狂的に支持された。

中村が茅ヶ崎に住んだのは、そのような頃である。もちろん仕事場は東京にあったが、1967（昭和42）年には市政20周年を祝して制定された「茅ヶ崎市歌」も手掛けている。本人も茅ヶ崎への愛着を語っており、茅ヶ崎市民として認められたという自覚があったらしい。

やがてジャズブームの衰退が始まり、それと入れ替わるようにロカビリーブームがやってくる。中村はポピュラー音楽の作曲家へと転身することになる。代表作には1959（昭和34）年、第一回レコード大賞受賞曲「黒い花びら」。1961（昭和46）年の「上を向いて歩こう」はやがてアメリカでも「SUKIYAKI」とタイトルが変わったが、大ヒットする。他に「明日があるさ」「こんにちは赤ちゃん」「遠くへ行きたい」などのヒットが有名で、作詞を手掛けた永六輔とのコンビもよく知られたところである。

さて加山雄三も茅ヶ崎を代表するアーティストであるが、代表作は映画「若大将」シリーズであろう。その第1作『大学の若大将』の主題歌「夜の太陽」も中村の作曲だった（写真1）。

写真1　加山雄三「夜の太陽」

もちろん加山は弾厚作というペンネームを持つ作曲家でもあった。生誕地は横浜だが、物心ついてから茅ヶ崎で育った加山は「湘南」サウンドの中心人物となる。この茅ヶ崎関係のアーティストに関しては宮治淳一の『MY LITTLE HOMETOWN 茅ヶ崎音楽物語』に詳しく書かれているが、確かにこの街は、平尾昌晃、尾崎紀世彦、喜多嶋修（ランチャーズ）、加瀬邦彦（ワイルドワンズ）、ブレッド&バター、桑田佳祐等数々のアーティストを輩出している。

「湘南サウンド」の定義は、1960年代以降、「湘南」（主に茅ヶ崎）育ちの若者を中心に発表された、海やスローライフを主なテーマとする一連のライトミュージックとされ、その音楽的カテゴリーは広いと捉えてもいい。特にビーチ・ボーイズやベンチャーズのようなサーフミュージック的なものに限ってはいないようだ。しかし先述したようにアメリカ文化の影響のもとに育まれてきたという側面が見落とせないだろう。音楽だけではなく「湘南」自体のイメージ形成にも色濃く影響を与えたに違いない。

松任谷由実の「湘南」

松任谷由実は隠れたご当地ソングの女王であると思う。1988（昭和63）年に長崎県五島列島の県立奈留高校の愛唄歌として知られる「瞳を閉じて」の歌碑が、奈留高校の庭園に建立されている。また2006（平成18）年にはJR西立川駅の発車ベルに「雨のステイション」が採用され、それに先立つ2002（平成14）年には西立川駅前広場、公園口ポケットパークに歌碑が設置された。2009（平成21）年にいわて花巻空港では彼女の「緑の町に舞い降りて」がイメージソングに決まり、翌年、空港敷地内多目的広場に「ユーミンのりんごの樹」が植樹された。

もちろん前掲の楽曲以外にも具体的な場所を描いた作品は決して少なくはなく、また具体的には描いていないものの人によってはある場所が想起されるものも多い。例えば前者でいえば「天気雨」（茅ヶ崎）、「灼けたアイドル」（茅ヶ崎）、「ようこそ輝く時間へ」（後楽園遊園地）、「シンデレラエクスプレス」（東京駅）、「よそゆき顔で」（観音崎）、「タワーサイドメモリー」（神戸）、「手のひらの東京タワー」（東京タワー）、「LAUNDRY-GATE の想い出」（立川）、「カンナ8号線」（環状8号線）、「悲しいほどお天気」（玉川上水）、「思い出に間にあいたくて」（新宿駅）、「哀しみのルート16」（国道16号線）、後者では「生まれた街で」（八王子）、「かんらん車」（二子玉川園）、「リフレインが叫んでる」（葉山）、「入江の午後3時」（葉山）、「花紀行」（金沢）、「ビュッフェにて」（金沢）、「情熱に届かない」（二子玉川駅）、「ランチタイムが終わる頃」（日比谷公園）、「COBALT HOUR」（湘南）、「晩夏」（横手）、「埠頭を渡る風」（晴海）、「経る時」（千鳥ヶ淵）、「真冬のサーファー」（銚子）、「りんごのにおいと風の国」（青森）、「わたしのロンサムタウン」（新潟）、「acacia」（能登）などが挙げられる。

このご当地ソング的アプローチは彼女の独自性のひとつの表象なのかもしれない。場所へのこだわりを楽曲世界の中に昇華させる類まれな表現力といえばいいのだろうか。確かに彼女はリゾート色が強い印象もあったりもするが、実際に描いている世界はあくまで日常の延長線上にあることがわかる。あくまで一般市民の視線を忘れてはいないということでもある。だから長きに渡って多くのファンに支持されてきたのだと思う。

松任谷由実の音楽に関してはさまざまな評論家や識者がこれまで多くの見解を述べてきた。「1億総中流化の担い手だった都市中間層の欲望を先取りするライフスタイルを提示し、ユーミンは高度大衆消費社会を引っぱってきた」（篠原章「ユーミンの21世紀」『別冊宝島630音楽誌が書かないJポップ批評16／されど我らがユーミン』に所収／2001年）というように、時代論、世代論などの枠組みで語られることが多いが、依然として現在も彼女の支持層は決して少なくはない。昔からのファン、そして新たなファンを見るにつけ、紛れもなく時代の流れとともに彼女の作品があったということは明確であろう。

平成最後の紅白歌合戦で桑田佳祐と松任谷由実がラストに絡んだのも、何らかの時代の象徴だったように思えなくもない。

さて松任谷由実の初期作品には「湘南」が何度か登場する。彼女は八王子の出身だが、その理由は意外とシンプルなものだったらしい。

それから、立教の男の子とよくパーティやったたな。わりと湘南方面に友達がいろいろできて、海とか見に行っていたわけ。クルマ持ってる子とじゃないとつき合わなかったから。その彼、ベレGに乗ってたのね。白いベレットGT。「COBALT HOUR」に白のベレGが出てくるのよ。「あなたは昔SHONAN BOY」って歌詞を書いたんだけど、そのころ、「湘南」って言葉、まだ誰も使ってなかったのよ。

（『ルージュの伝言』松任谷由実著／1984年）

前掲したいわゆる「ご当地ソング」群であるが、幾つかの作品を挙げて原風景を探っていきたい。まず「天気雨」だ。この曲は1976（昭和51）年にリリースされた4枚目のアルバム『14番目の月』に収録されている。サーフボードを直しに茅ヶ崎の「ゴッデス」へ行った彼を相模線に乗って追いかけて行く女の子を歌ったものである。「ゴッデス」は1964（昭和39）年に鈴木正が創業したサーフィンショップの老舗だ。現在は幾つかの店舗があるが、この歌詞に出てくる「ゴッデス」はかつての茅ヶ崎本店のことである。

ＪＲ茅ヶ崎駅から徒歩だと20分以上は歩くことになる。国道１３４号線沿線にある「ゴッデス」からは烏帽子岩も遠くに見える。目の前にはいわゆるサザンビーチが広がっている。この界隈にもサーファーの姿が見られる。ただ１９７６（昭和51）年といえばアメリカ西海岸のライフスタイルを日本に紹介したことでも知られる雑誌『POPEYE』が創刊した年でもある。実際は『宝島』が先行していたのだが、『POPEYE』が商業的に成功したことにより、西海岸のライフスタイルの代名詞になった。

「湘南」でサーフィンが始まったのは、１９６０年頃といわれ、外国人がサーフィンをしているのを見た地元の若者たちがそれを真似し始めたところからだ。「湘南」は別荘地や避暑地として利用され、またアメリカ軍の基地があったことなどから、独自のスタイルで発展していった。１９７０年代に入ると、「湘南」には多くのサーフショップや、サーフボード工場ができて、オリジナルブランドが全国に広がっていくことにより、サーファー文化が全国的に認知されていく。

つまりこの「天気雨」という楽曲は当時の若者文化の変容を体現したものといえ、高度経済成長下での若者の嗜好性の選択枝が増えていく様が伺えるものになっている。相模線が出てきていることから、おそらく八王子、相模原、町田方面から茅ヶ崎へという移動パターンが描かれている。ちょうど東京都心部から郊外には大学のキャンパス移転も相次ぎ、界隈は大学生が行きかう街の情景になっていたはずだ。

例えば若者文化の多様化には、「ハマトラ」なども挙げられる。1970年代の末から1980年代の初頭にかけて流行した若い女性のファッションスタイルの名称で、「ヨコハマのトラディショナル」を意味している。「ハマトラ」は清楚で溌剌としたお嬢様的雰囲気のスタイルで、当時の若い女性たちの圧倒的な支持を得て全国的規模の大流行となった。これによって近隣のフェリス女子大学が知名度を向上させたともいわれている。

日本における郊外都市論は1960年代までは土木、建築、都市整備・計画の分野において語られることが多かったが、1970年代に入ると文学、社会学、記号学、歴史学がこれを扱うようになる。近年ではまた新たな視点からの議論が再燃している観があるが、戦後日本の「郊外」と呼ばれる社会は、高度経済成長と相関し、都市に付属する空間として作り出された場所であり、日本においての郊外化は1960年代の団地化（1950年代半ばから1970年代前半）と、1980年代のニュータウン化（1970年代後半から現代）の二段階に分けられるだろう。

1970年代にはまだ相模線の沿線人口が少なく、現在のような運用に至るのは1980年代に入ってからなので、「天気雨」に出てくる相模線はまだローカル鉄道といったイメージの頃である。1991（平成3）年に電化されたのでこの時代にはディーゼル車が走っていた。1976（昭和51）年には車体の色が朱色に塗装された年にあたるが、当時と同様、相模線は今もなお単線である。いわゆる八王子、相模原、町田などの若者にサーフィンがひとつの文化になり始めたことを伺わせており、東京郊外の変容を織り込んだ作品になっているともいえよう。

前にも触れたように松任谷由実の作品には時代を反映したものが多い。そしてトレンドを作るという力も持っていた。やがて茅ヶ崎はサザンオールスターズの登場によって「ご当地ソング」的なアプローチでいえば「聖地」と化していくが、彼女の作品にも「湘南」は数多く登場する。「湘南」のイメージ形成において、ひとつにはサーフィンやヨットなどのスポーツが大きく効いている。それは「湘南」と海が切っても切れない関係性にあるからだといえる。

1988（昭和63）年のシングル「リフレインが叫んでる」もいわゆる「湘南」ものである。一般的には葉山から秋谷海岸が舞台だといわれている。彼女は「SURF & SNOW」と題した夏と冬のそれぞれの季節に合わせたリゾートライブを行っていた。冬の苗場でのライブは現在も続いているが、夏は葉山、逗子のマリーナで行われていた。逗子公演は当初毎年実施していたが、アルバム制作のクオリティ追求のため90年代より隔年開催となった。その後、会場であるマリーナ内プール施設の改造によりステージおよび客席が構築できなくなったため、2004（平成16）年のVol.17で終了した。

彼女は東京の都心部や郊外を描くとともにリゾート地をも描き、時には地方の都市も描いてきた。それも時代の変化を盛り込んだ形で、丁寧に描いてきたといえる。都市の参与観察者として特筆すべき存在のアーティストといえるだろう。研究者やジャーナリストとしてのスタンスを充分に持っているともいえる。おそらく音楽という領域のみならず、上記のような意味でも彼女の楽曲は後世に残っていくに違いない。特に若者文化の変遷を見て行く上で参考になるといった点は見逃せない。紛れもなく彼女の楽曲はその都度のトレンドを創出していったのである。

サザンオールスターズの「湘南」

サザンオールスターズといえばまず「湘南」のイメージが浮かび上がる。彼らのヒット曲の中には「湘南」を題材としたものが印象的だ。楽曲のほとんどを作ってきたヴォーカルの桑田佳祐が茅ヶ崎出身という理由も大きい。彼が通っていた高校は鎌倉学園高校で、いわば少年時代、青春時代を「湘南」で過ごしたといえる。故にサザンオールスターズといえば「湘南」というイメージが付加される根拠になるのだが、実際のところ彼らの楽曲では「東京」、「横浜」が舞台のものも多く、決して「湘南」に特化しているわけではない。また「湘南」の中でも比較的、鎌倉がモチーフになっている作品が多いという現実がある。ここではあくまで彼らのデビュー曲「勝手にシンドバッド」を軸に論を進めていく。

茅ヶ崎を描いた作品は簡単に列挙すると「勝手にシンドバッド」(茅ヶ崎、江ノ島)、「茅ヶ崎に背を向けて」(茅ヶ崎)、「PRIDE の唄~茅ヶ崎はありがとう~」(茅ヶ崎)、「ラチエン通りのシスター」（茅ヶ崎・ラチエン通り）、「希望の轍」「チャコの海岸物語」（烏帽子岩）、「HOTEL PACIFIC」（茅ヶ崎、パシフィックホテル、烏帽子岩、江ノ島、国道134号線）、「夏をあきらめて」（パシフィックホテル、烏帽子岩）、「夜風のオン・ザ・ビーチ」（烏帽子岩、辻堂）、「近いの？遠いの？」」（アンデルセン）、「湘南SEPTEMBER」（湘南、ゴッデス）などである。

サザンオールスターズは1978（昭和53）年にデビュー、それ以来40年に渡って日本のポップミュージックの第一線を走ってきた。楽曲はロック、バラード、民族音楽からテクノまで幅広く、テーマも愛、セックス、郷土愛、社会風刺など多岐に渡る。老若男女幅広いファンに支持されてきた。代表曲は1970年代に「勝手にシンドバッド」、「いとしのエリー」、1980年代に「チャコの海岸物語」「ミス・ブランニュー・デイ」、1990年代には「涙のキッス」「エロティカ・セブン」「愛の言霊 ～Spiritual Message～」などのミリオンセラーを達成したほか、2000年代に入っても「TSUNAMI」「涙の海で抱かれたい～SEA OF LOVE～」がヒットするなど多数に及ぶ。1970年代から4つの年代全てで50万枚以上のヒット作を生み出し、うち3つの年代でオリコンチャート1位作品がある。

茅ヶ崎の成長は戦後、首都圏が拡大することによって東京への通勤圏に組み込まれたところにある。つまり従来的な言葉でいえば衛星都市といわれる昼間、夜間人口の差が生じる都市の側面を持ったということでもある。この傾向はいわゆる「湘南」地区の都市には概《おおむ》ね当てはまる。保養地、別荘地から定住する住宅都市への転換であった。「ラチエン通り」という名称の通りがある。近年、茅ヶ崎では顕彰の意味を込めて「雄三通り」「サザン通り」などが「みちの愛称検討委員会」によってこれまで発表されている。ラチエン通りはすでに通称として市民に浸透していたが、この検討委員会によって2001(平成13)年2月に正式な道路通称名となった。この通りは国道1号から、国道134号のパシフィックガーデンまで伸びる茅ヶ崎市道だ。

通りの名はドイツ人の貿易商、L・ラチエンが1935(昭和10)年からこの通り沿いに住宅を構えたことに由来する。彼がこの通りに桜並木を植えたので桜道という別名も残っている。彼は東京・青山に自宅、藤沢・鵠沼に別荘を保有していたが、関東大震災によって被災し茅ヶ崎に移ってきた。「ラチエン通りのシスター」は作詞者の桑田の親しんだ土地であり、かつ桑田の初恋の人が住んでいた通りであったことがファンの間では知られている。この通りからはビーチから見るよりも烏帽子岩が近くに見える。この茅ヶ崎を象徴するともいえる烏帽子岩はサザンオールスターズの作品の中には、「チャコの海岸物語」「希望の轍」「HOTEL PACIFIC」などに登場する。正式名称は姥島といい、茅ヶ崎の沖合1200m付近にある無人の岩礁である。烏帽子の形から烏帽子岩の名前が付けられた。

「ラチエン通り」の先には「HOTEL PACIFIC」のモデルになったパシフィック・パーク茅ヶ崎があった。このホテルは1965(昭和40)年に開業、ホテル、ドライブイン、ボウリング、プール、ビリヤード、サーキットを備えたものだった（写真2）。俳優の上原謙、加山雄三の親子が出資していたことでも知られているが、しかし、ホテルは1970（昭和45）年に倒産し、上原、加山は巨額の負債を抱えた。その後は所有者が次々と変わったが、1988（昭和63）年には営業停止になった。最終的には1999（平成11）年にリゾートマンション「パシフィックガーデン茅ヶ崎」に建て替えられた。パシフィックホテルの名称は1982（昭和57）年のアルバム『NUDE MAN』に収録された「夏をあきらめて」にも登場していた。
「パシフィック・パーク茅ヶ崎は茅ヶ崎の海に面した近代的なホテルで、プール、ボウリング場、レストランなどを備えた、それはおしゃれな空間だった。加山雄三さんやグループサウンズなどテレビで活躍するスターたちがやってきて、東京のリッチな人々が集う華やかな世界。地元では「パーク」と呼んでいたが、中高生だった私にはあまり縁のない世界だった」（『エリー©茅ヶ崎の海が好き』2008年）と桑田の姉、岩本えり子は語っている。あの「いとしのエリー」のモデルといわれている女性だ。

現在では茅ヶ崎をはじめとした「湘南」は東京近郊の観光地として定着しており、特に若者の支持が高い。1955（昭和30）年に発表された石原慎太郎の『太陽の季節』を発端にして、戦後に入ってきたハイカラなアメリカのポップ・カルチャーを土台にした若者文化が形成されるようになった。そして加山雄三やサザンオールスターズの登場、『POPEYE』『Hotdog

写真2　パシフィックホテル（写真提供：読売新聞社）

Press』などのサーフィンの特集などがさらにその傾向を深化させていった。「湘南」イメージの新たな形成である。『太陽の季節』以前には敗戦により東京、大阪、神戸など主要都市は破壊されて、「湘南」の別荘族であったエスタブリッシュメントは東京などの本宅を戦災や税制改革で失い、別荘に定住するようになった。戦後海岸地区は一時アメリカ軍を中心とした連合国軍に接収されたことによって入ってきたアメリカのポップ・カルチャーが基盤になっている。

「湘南」は「日本のウエストコースト」と評されることがある。カリフォルニアでは、温暖な気候に恵まれ、陽気でオープンな人々が海に集いサーフィンなどを楽しむ。マリンスポーツの盛んな「湘南」に、アメリカの西海岸のイメージを重ねることは不自然ではないように思える。茅ヶ崎駅南口から海岸へ伸びる大通りには、商店やマリンスポーツショップが建ち並ぶ中に、ポピュラー音楽を流すバーも点在する。そういった環境の影響がサザンオールスターズの楽曲の背景にも見え隠れする。日本の歌謡曲とアメリカのポップスが微妙にブレンドされて独自の音楽世界が成立したといえるだろう。

「勝手にシンドバッド」は1978（昭和53）年にリリースされたサザンオールスターズのデビュー曲である。タイトルは当時のヒット曲だった「勝手にしやがれ」（沢田研二）と「渚のシンドバッド」（ピンク・レディー）を足して二で割ったものだといわれている。オリコンの初登場順位は132位だったが、同年8月14日付で55位にランクイン、同年10月9日付で当時の最高位である3位を記録した。バンドの結成は1975（昭和50）年頃、青山学院大学のサークル内で母体となるバンドが結成されたところから始まっていく。1977（昭和52）年にヤマハのコンテスト「EAST&WEST」にて桑田がベストヴォーカリスト賞を受賞した辺りからメンバーも次第に固定化していく。

そして翌年のデビューに繋がっていく。桑田が日本のポップミュージックに大きな影響を与えたことは周知の事実だろう。サザンがデビューした当時の日本の曲は日本語の音節にメロディを合わせていたが、逆にメロディに日本語の音節を合わせるという手法などにその点は顕著に見られる。つまり言葉の意味より音を重視した作詞が特徴的といえる。また一般的な話し言葉で歌詞を作るというテクニックも評価されるところである。しかしそれは歌詞を軽視したわけでなく、メロディを先行させることで新たな日本語の生かし方を創出したともいえる。

「勝手にシンドバッド」に描かれる舞台は茅ヶ崎であり、江ノ島である。いわゆる桑田のホームグランドの範囲だ。その後、サザンオールスターズが「湘南」というイメージを一方的に付与されたことに対しての抵抗感もあっただろうが、しかしやはりそのイメージは払拭されることはないだろう。現在では1999（平成11）年に茅ヶ崎観光協会がかつての茅ヶ崎海水浴場をサザンビーチちがさきに改名、茅ヶ崎駅西側のツインウェーブから国道134号線サザンビーチまで続く道が2000（平成12）年にサザン通りという愛称になり、1999（平成11）年にそのサザン通りと通りを東西に横切る道に面した商店街の名前も南口中央商店街からサザン通り商店街と改称した。つまり茅ヶ崎はサザンオールスターズの名前を使った街づくりを始めたといえよう。

前掲した岩本は1975（昭和50）年にアメリカに渡り、1996（平成8）年に茅ヶ崎に戻ってくる。そして変貌した茅ヶ崎に失望し、その後、2005（平成17）年に「茅ヶ崎・浜景観づくり推進会議」を立ち上げ、高層マンションに計画を中止させるなどの活動を展開する。そこには彼女の郷土愛の一端が明瞭に見える。たしかに高度経済成長からバブル期にかけて多くの風景が変貌してしまったことに異論はない。日本が成長パラノイアから脱出できない限り、開発手法も従来的なものになっていく。しかしそろそろ大胆な方向転換も必要な段階に入ってはいないだろうか。

日本が高度経済成長期と同様に右肩上がりの経済成長を示していくことはもはや幻想でしかない。東日本大震災はそういった国づくりに発想の転換を示唆したともいえよう。岩本はアメリカ西海岸のカーメルの海岸が全く人の手が加わっていないことに注目して活動を始めている。「勝手にシンドバッド」は決して茅ヶ崎の風景の詳細を描いてはいないが、ただそこにはまだバブル期に突入する以前の茅ヶ崎が見え隠れする。振り返るといわゆる幾分、ノスタルジックな原風景といえるだろうか。

アイドルたちの「湘南」

シンガーソングライター以外でも「湘南」は楽曲の舞台として取り込まれていく。特にアイドル歌手の楽曲もしばしば「湘南」を取り上げるようになる。これはやはり一般の若者たちの活動の「場」になったということの証明でもあろう。1982(昭和57)年はアイドルの時代の幕開けだった。1978(昭和53)年にキャンディーズが解散、1980(昭和55)年にピンク・レディーが解散、同年は山口百恵が引退した年でもあった。つまり1970年代後半に活躍していたアイドルたちの時代の終焉であった。

またその時代を背景に1978(昭和53)にはテレビの音楽番組『ザ・ベストテン』が放送開始、アイドルの活躍の基盤は整っていた。1980(昭和55)年には「裸足の季節」で松田聖子がデビュー、新たなアイドルの時代の幕が切って落とされる。その後、花の82年組といわれた中森明菜、小泉今日子、シブがき隊、三田寛子、早見優、松本伊代、堀ちえみ、石川秀美などが次々にデビューしていった。なかでも堀ちえみのデビュー曲「潮風の少女」もタイトルが予感させるように、「湘南」が舞台になっている。

「きっと連れていって　今度の日曜日　少し早い茅ヶ崎　眩しい海辺へ　足もとをくすぐる

水色の海には15になったばかり　私が揺れてる」
（「潮風の少女」堀ちえみ）

いつの間にか東京及びその周辺の地域の少女たちの日常に、「湘南」は登場してきたと見ることができる。それも一定の憧憬を伴った形で、いわゆる週末に足を伸ばす場所としてであった。1980（昭和55）年からゆとり教育が開始され（小学校は1980年度、中学校は1981年度、高等学校は1982年度から）、学習内容及び授業時数の削減が行われた。また1982（昭和57）年には、中曽根政権が発足、日本はバブル経済の道を歩むことになる。

つまり経済的に豊かになり、自由な時間も増えた少女たちにとっての「湘南」の日常化である。週末なら行けるデートスポットになったといえるだろう。そして石川秀美「ゆ・れ・て湘南」も同文脈にある楽曲だが、幾分、ヤンキー色が入ってきたと捉えることもできる。

「ゆれて　海岸ロード　走る　バックミラーに　映る江ノ島さ　Please Please Me
ゆれて　ゆれて湘南　君は最後まで優しさを　忘れなかったね」（「ゆ・れ・て湘南」石川秀美）

これも1982（昭和57）年のリリースだ。「走るバックミラー」はバイクなのだろうか。そうだとするとタンデム（バイクの二人乗り）だ。ただ明確には記述されていないので、自動車の場合も考えられる。歌詞はいわゆる男歌で、少年の一人称を取っている。歌詞に「My

写真3　荻野目洋子「湾岸太陽族」

Little Girl」とあるのは、少女の方が多分、年下だからなのだろう。自動車やバイクで走る「湘南」が若い世代にも一般化したということでもある。

そしてこの路線は1987（昭和62）年の荻野目洋子「湾岸太陽族」に繋がっていくことになる（写真3）。彼女はユーロビートのシングル「ダンシング・ヒーロー」をすでにヒットさせていて、1986（昭和61）年には「六本木純情派」もチャートに送り込んでいた。「湾岸太陽族」はその延長線上に位置する楽曲と捉えてもいいだろう。現在ならば横浜・中華街から「湘南」方面へは神奈川1号横羽線みなとみらい出入口から保土ヶ谷ICで横浜新道、戸塚ICで国道1号に出るといったところだろうか。

「クラクション　叩きながら　追いかけてくわ　湘南《かいがん》へ抜ける　チャイナタウン・ルート」
（「湾岸太陽族」荻野目洋子）

いわゆるバブル期の若者といってもどちらかというと、世間に背を向けた感じの若者がそこには描かれている。「六本木純情派」も同様だ。初期の「湘南」は鉄道網の発達によって利便性を増したが、1980年代にもなると移動の手段は自動車に移行しているように見える。もちろん若者たちもその対象内だ。彼女の1989（平成元）年の「湘南ハートブレイク」も舞台は「湘南」、これは失恋ソングだ。場所は特定できないものの、「湘南」に向かう車中のエピソードだ。

「湘南あたりでしょう　稲妻が光った真下は…夕闇のフロントグラスに　Thunderlight」
（「湘南ハートブレイク」荻野目洋子）

アイドルが「湘南」を歌う事例は、その後、AKB48などにも見られるが、それほど多くない。つまり自作楽曲を歌うアーティストの方が「湘南」に対する思い入れが強いということがわかる。出身地だったり、居住地だったり、またはある時代を過ごした場所だったりするのだろうが、ヒットさせるために「湘南」を舞台に選択するという手法は決して多くはない。やがて1980年代の終盤から、日本のミュージックシーンはバンドブームの煽りを受けて、ロックバンドが台頭、またテレビのゴールデンタイムの歌番組も次々に終了し、「アイドル冬の時代」を迎えることになる。

夏と「湘南」

夏と「湘南」のイメージ形成に大きく寄与したアーティストの代表格としてはTUBEが挙げられる。基本的に彼らは「湘南」の出身ではない。厚木、町田、座間である。ただ夏、「湘南」を中核にした楽曲の世界観はサザンオールスターズと並び称されるほど、「湘南」色が強い。11枚目のアルバムのタイトルが『湘南』であるように、サザンオールスターズよりも直接的かもしれない。また2010(平成22)年にはデビュー25周年を記念して、藤沢・鵠沼海岸で3万人を動員した初の「湘南」でのライブを実施している。

とはいえ「湘南」を具体的に描いている作品ばかりではない。夏がテーマだとしても物語の舞台は抽象化させているものも多い。ヒットしたシングルも同様だ。しかしその存在は「湘南」と一体化しているともいえるだろう。TUBEがあっての「湘南」があるのか、それとも「湘南」があってのTUBEなのかといったようにである。おそらく「湘南」とのイコール感は半端ない。

「江ノ島が 雨に泣いてる　八月の波間に恋が砕けた」　(「湘南 MY LOVE」TUBE)

写真4　TUBE「夏を抱きしめて」

「湘南で見た　葦簾《よしず》の君は
誰かれ振り向く切れ込み
feel so Good!」
（「あー夏休み」ＴＵＢＥ）

「そうゆうカンジの湘南
そぞろ歩けば鵠沼　当然　渋滞
国道　ジリジリ燃える太陽
逃げ場もない　灼熱らぶ」
（「灼熱らぶ」ＴＵＢＥ）

幾つか「湘南」が登場する作品を挙げてみた。２０１４（平成26）年7月9日の『MUSIC VOICE』によれば「音楽情報誌『CD&DLでーた』は、この夏に聞きたい音楽、いわゆる〝夏ソング〟について10代～60代の男女を対象にアンケート調査を実施。有効回答数３５６５人のうち、最も回答が多かったのはＴＵＢＥ『あー夏休み』だったことがわかった。ちなみに2位はゆずの『夏色』であった。また、トップ20ではＴＵＢＥが5曲、サザンオールスターズ（桑田佳祐のソロ曲含む）が7曲ランクインしており〝夏アーティスト〟が確立していることもうかがえた」と紹介している。

　2016（平成28）年5月28日の『ミドルエッジ』によれば、TUBEのシングル売り上げランキングは以下の通りである。1位「夏を抱きしめて」（写真4）、2位「夏を待ちきれなくて」、3位「ガラスのメモリーズ」、4位「夏だね」、5位「だって夏じゃない」、6位「さよならイエスタディ」、7位「ゆずれない夏」、8位「きっと、どこかで」、9位「虹になりたい」、10位「あの夏をさがして」である。タイトルに夏が入っている作品は6曲もある。

　ということはTUBEのイメージは最初に夏がきて、その後に「湘南」と繋がっていくと見る方が自然だろう。サザンオールスターズはその逆のイメージ伝達になっているように思える。しかもどちらかといえば「湘南」よりも茅ヶ崎のイメージが色濃いのかもしれない。

　夏のイメージを持つアーティストは少なくはないが、「湘南」イメージとも被るアーティストに杉山清貴がいる。TUBE同様、息の長いアーティストだが、彼がオメガトライブに在籍していた頃、それは1980年代中期のことになるが、作品は作詞が康珍化、作曲が林哲司のコンビで創られた。シングルのカップリングは秋元康が作詞を手掛けていた。ヴォーカルの杉山清貴は横須賀学院高校の出身、バンドコンセプトから夏・海・リゾートをテーマにした楽曲がヒットし、サマーソングのバンドイメージも定着した。そしてその後、杉山清貴はソロになるが、オメガトライブのイメージの延長線上で活躍したといえよう。

「葉山を抜けたら　風の匂いが変わる高鳴るハートで　アクセルを踏み込んだ」
（「Route 134」杉山清貴＆オメガトライブ）

「白いクーペが潮騒切れば　水平線傾くあの日の茅ヶ崎」
（「夕凪通信」杉山清貴＆オメガトライブ）

「トンネルを抜け切ると　材木座の波が見えた　アクセルを踏み込むよ
茅ヶ崎まで国道づたい」
（「海風通信」杉山清貴＆オメガトライブ）

以上の3曲は紛れもない「湘南」ソングだ。映像が目の前に広がっていくような歌詞だ。もうすっかり鉄道ではなく、自動車でアクセスしていく「湘南」がそこにある。時代は1980年代中盤、バブルへの道を日本はひたすらといったところだっただろう。リゾートという言葉が独り歩きをした時代だ。1987（平成62）年6月にリゾート法が施行、しかしすでに「湘南」は東京及びその周辺の人々にとって身近なリゾートになっていた。同年、葉山にホテル音羽の森が開業、一層、リゾート色が増していく。ちなみに鎌倉プリンスホテルの開業は1995（平成7）年である。

それほど長い間の活動ではなかったが、個人的にもっとも「湘南」を連想させてくれたのが、岩崎元是＆WINDYだった。1986（平成61）年に「夏の翼」がヒット、その後の「まるで天使のように」も印象深い。歌詞は具体的に「湘南」の地名は読み込まれていないが、大滝詠一を連想させるウォールオブサウンドに特徴があり、今でも聞くと「湘南」をイメージさせてくれる部分もある。アルバムジャケットのデザインは佐々木悟郎、多分、サウンドもそうだが、ビジュアルイメージもまさに「海」や「夏」だったように思う。

岩崎元是は釧路の出身であり、「湘南」の出身ではない。しかし東京色が強いピチカート・ファイブの小西康陽が札幌、野宮真貴が音別と出身が北海道というように、出身地で全ては規程できない。

「Ah― きみは幻 伝説の夏の翼 広げる女神さ」

（「夏の翼」岩崎元是＆WINDY）

「蒼い海の色に 滑る風のセール 謎めく瞳に しぶきのジェラシー」

（「まるで天使のように」岩崎元是＆WINDY）

今、手元に2012（平成24）年にリリースされた『The all songs of WINDY』がある。ジャケットのイラストからすれば、アメリカ西海岸というよりハワイのイメージに近いのだろうか。「湘南」には確かにハワイを連想させる要素もある。茅ヶ崎はホノルルと姉妹都市で、毎年春には「茅ヶ崎アロハマーケット」が開催され、「湘南」一帯にハワイアンレストランも多い。

身近なカリフォルニアだった「湘南」

大滝詠一が「湘南」だとは言わない。しかし『A LONG VACATION』のジャケットは無人のプールサイド越しに澄み切った青い海と空が見える永井博のイラストだ（写真5）。彼は1970年代にアメリカに行き、1974年にはグアムに出かけ、帰国後、アメリカ西海岸の風景を描いた作品でそのスタイルを確立した。1980年代には大滝詠一や杉山清貴ら、夏を感じさせる音楽のスリーブに多数、作品を提供した。永井の描く夏の情景は時代を象徴するビジュアルとして人々の記憶に深く刻まれた。

写真5　大滝詠一『A LONG VACATION』

もちろん山下達郎も「湘南」ではない。しかし『FOR YOU』のイラストは鈴木英人の作品だ（写真6）。作風としてはグラジュエーションを実線で示す手法を取っており、作中では自動車や港などがモチーフとしてよく使われる。初期の作品ではやはりアメリカ西海岸らしき風景を描いている点が永井と共通する部分である。つまり当時の若者たちにとって「湘南」は仮想アメリカ西海岸だったのかもしれないとするのは少々、乱暴だろうか。繰り返しになるが、１９７０～80年代は日本の若者の多くがそこに憧れた。

平凡出版（現マガジンハウス）の雑誌『POPEYE』は１９７６（昭和51）年の創刊、アメリカのライフスタイルを日本に紹介し、初期の頃には若者風俗をリードするなど社会に大きな影響を与えた。もちろんポップミュージックの世界でもいわゆるウエストコーストのアーティストが多くの若者に支持された。イーグルスの「ホテル・カリフォルニア」のリリースが１９７７（昭和52）年だった。

写真6　山下達郎『FOR YOU』

ただ大滝、山下とともに全ての楽曲ではないが、アメリカンなテイストは漂う。そういう意味では永井、鈴木のイラストとの親和性があるのだろう。ただ大滝は１９５０年代から１９７０年代にかけてのアメリカのポップス、ロック、イギリスのリバプールサウンド、日本の歌謡曲などにも造詣が深く、その知識を元に制作される楽曲は精緻に作られており、とても完成度が高いと評され、山下はやはりアメリカのポップス、ロックに影響を受けており、また日本においてのア・カペラ、ドゥーワップのオーソリティの一人でもあり、自分のヴォーカルを多重録音する手法も独特である。

杉真理や須藤薫もその流れの中にあると見てもいい。大滝は1976（昭和51）年の『NIAGARA TRIANGLE』の企画の際に山下達郎に声をかけ、1982（昭和57）年の『NIAGARA TRIANGLE Vol.2』では杉真理に声をかけといったことがひとつの証明になるだろう。須藤はその杉からの楽曲提供が多く、大滝からも楽曲を書いてもらっている。しかし杉は以下のような歌詞を書いているが、具体的に「湘南」が登場するわけでもなく、彼の世界観に「海」や「夏」が登場するという解釈でもいいのかもしれない。

「波打際　歩く君の細い肩がふるえて見えるのは何故だろう
素足で過ごした二人」
（「恋のかけひき」杉真理）

「パイプラインと終わらない夏　信じ続けた少年達」
（「素敵なサマー・デイズ」杉真理）

「波が寄せる浜辺で　少し濃いサングラスかけて　一人まどろんでたら　一目ぼれ

信じられそう」

（「夢みる渚」杉真理）

須藤の楽曲も杉の手になるものが多いが、以下のように恋愛ドラマのシチュエーションのひとつとしてやはり「海」や「夏」が歌われる。

「涙があふれても　平気なふりしたの　渚だけが見ていた　最後のデート」

（「最後のデート～Last Rendezvous～」須藤薫）

「さざ波の輝きに　ゆれてかすかな潮の香りが心酔わせるのかしら　はるかな灯り小さく胸の奥きらめく　甘くささやく声は風にさらわれそうよ」

（「ふたりのシルエット」須藤薫）

「海辺で過ごした特別の週末　夏の陽とときめきと　あなたがくれた不思議なガラス瓶の色ぼんやり見つめた」

（「去年の夏」須藤薫）

しかし須藤の世界はもちろん日本を舞台にしているが、「涙のステップ」「エイミーの卒業」「最後の夏休み」「緑のスタジアム」「思い出のスクール・ラブ」などの一連のスクール・ラブソングが印象的だった。1980年代は『セント・エルモスファイアア』や『ブレックファーストクラブ』などのアメリカ映画が日本でもヒットしたが、その原点は１９７３（昭和48）年に公開された『アメリカン・グラフィティ』にあるような気がしてならない。Ｊ・ルーカスの出世作として有名な作品だが、いわゆるフィフティーズ・ブームに影響を与えた点は大きい。１９５０年代半ばから１９６０年代前半にかけての楽曲が全編に散りばめられる。また、実在のＤＪ、ウルフマン・ジャックを本人役で登場させている。もちろんお決まりのプロムのシーンも登場する。西海岸とは違うアメリカへの憧れをもたらした点は否定できないだろう。

ただこの作品の舞台はカリフォルニア州のモデストだ。ルーカスの出身地であるから西海岸といえないこともない。でもあの頃のアメリカ西海岸への憧れの時代はいつの間に去ってしまったのだろう。若者たちはＪ－ＰＯＰを聴き、邦画を楽しむ時代になってしまった。その中で「湘南」のイメージも変わっていったに違いない。今はもう「湘南」の向こうにアメリカを見ている人々はほとんどいないだろう。

硬派たちの「湘南」

「湘南」のひとつのユースカルチャーにヤンキー文化がある。マンガでいえば紡木たく『ホットロード』、藤沢とおる『湘南純愛組！』、映画でいえば『湘南爆走族』が代表的なものだが、井上雄彦『スラムダンク』にもその片鱗が覗いている。「湘南」はさまざまな顔を持つ。マリンスポーツをはじめとしたリゾートテイストな「湘南」、鎌倉に代表される高級・文化志向の「湘南」などもそのひとつであろう。しかしヤンキー文化に象徴されるアウトローも「湘南」のイメージ形成に寄与しているといえる。

「湘南乃風」はダンスホール・レゲエ・スタイルのDJユニットだが、メンバーがそれぞれに「湘南」で出会ったというエピソードを持っている。彼らのレーベルは「134 Recording」であり、グループ名といい、「湘南」への深いこだわりが見える。彼らは2001（平成13）年頃からコンピレーションアルバムや他アーティストの作品にゲスト参加するようになり、

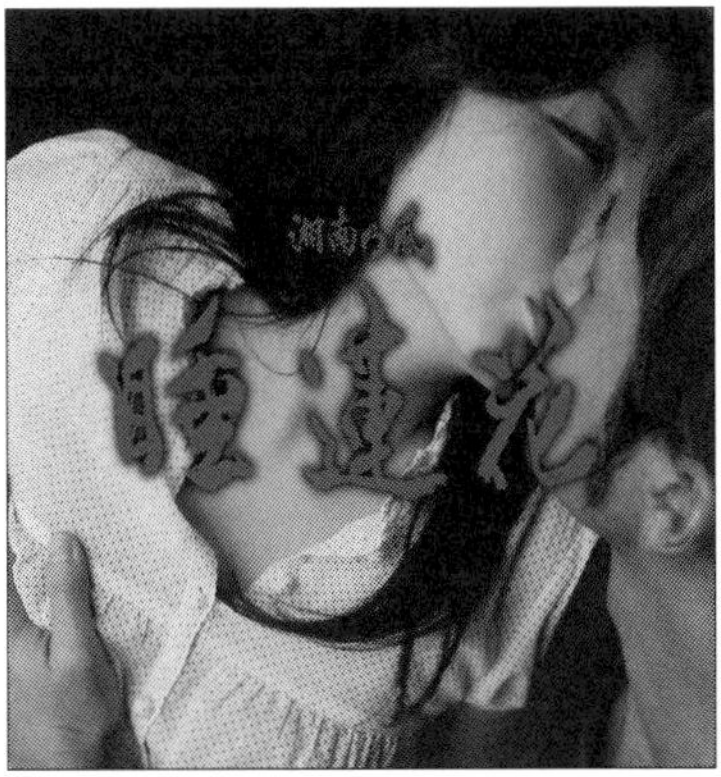

写真7　湘南乃風「睡蓮花」

2003（平成15）年にアルバム『湘南乃風～Real Riders～』でメジャーデビューした。2004（平成16）年と2005（平成17）年は「横浜レゲエ祭」「HIGHEST MOUN-TAIN」といった野外レゲエフェスに出演したほか、2006（平成18）年にも数々のビッグイベントに出演した。同年、江ノ島をジャケットにした「純恋歌」を含むアルバム『湘南乃風～Riders High～』をリリースし、約60万枚を超えるヒットを記録した。

彼らは新たな「湘南」イメージを作りつつあるが、ただ楽曲的には「湘南」の地名を盛り込んだものは少ない。シングル「睡蓮花」（写真7）で江ノ島が、「晴伝説」のプロモーションビデオに鵠沼商店街や鵠沼海岸1丁目付近が使われている程度だが、ただ具体的な地名は登場しないとしても、おそらく「湘南」のある場所がいろいろと歌詞の中に散りばめられている。ファンならば少しばかり深読みをして、その場所を探すのもまた面白いかもしれない。

これまでもそれぞれのアーティストが新たな「湘南」イメージを作ってきたといえよう。今後もまたさらに新たなイメージの付加や転換が行われていくのかもしれない。これはおそらく「湘南」に限ったことではなく、他の地域にも当てはまることに違いない。

メンバーの出身は4人中3人が「湘南」であることから、地域に対する想いが強いということが伺われる。「応援歌」「GOOD LIFE…」「Winner」「Show Time」「ロード」「晴ル矢」「晴れ波とSong」など「湘南」が歌詞世界の中に描かれているものが多いことがその理由だ。

クレイジーケンバンドは、横浜で育った横山剣がヴォーカルであるので、楽曲自体は横浜や横須賀が舞台になっている作品が多く、「湘南」が登場するのは数曲しかない。しかし横浜や横須賀を拠点にすると、行動半径の中に「湘南」が取り込まれているということなのかもしれない。ちょっと隣町まで足を伸ばしてみようかといった感覚に近いものなのだろう。クレイジーケンバンドは一見、強面ではあるが、その音楽世界は歌謡曲、ロックンロール、ソウル、ジャズ、ファンク、ヒップホップなどのさまざまなジャンルを要素として取り入れたミクスチャーであり、そのフレキシビリティがひとつの魅力になっている。

「横須賀線の最終で　鎌倉の海に来ました　やっぱり心の奥であなたを
少し恨んでいるのです」
（「せぷてんばぁ」クレイジーケンバンド）

「フェンダー・ミラーのセドリックでバイパスを飛ばそう　葉山のシーサイド・ハウスで
ツイスト・パーティー」
（「葉山ツイスト」クレイジーケンバンド）

ミクスチャーバンドの草分け的存在である山嵐もメンバー全員が「湘南」の出身だ。もう結成来、20年以上のキャリアを誇っている。2005（平成17）年にプロジェクトが始まった「湘南音祭」も2007年からは江ノ島で実施されるようになるが、2011（平成23）年の東日本大震災以降は江ノ島では開催されていない。開催会場が海に面しているという理由からである。このイベントはロックバンドが主催する野外ロック・フェスティバルの先駆けとして数々のアーティストからも支持されている。この背景にはやはり山嵐のメンバーの「湘南」に対する熱い思いがあったとのことだ。

「幾つもの喜びをくれた街で一緒に未来絵図を　描こう　語ろう　育てよう　心を支える

この景色と笑顔」　（「湘南未来絵図」山嵐）

「やがて日だまり佇んでみたり　鵠沼から木々が減った」　（「The Earth」山嵐）

山嵐の歌詞に「湘南」が描かれている例は少ない。「湘南未来絵図」にしても具体的な場所は登場せず、「The Earth」は環境問題への意識の高い作品の中に鵠沼が出てくるだけだ。彼らのスタンスは「湘南」への愛情は歌詞を通じてということではなく、「湘南音祭」に見られるように行動を通してといったところにあるような気がする。もちろん愛情表現はさまざまであり、ただ山嵐の思いは充分に届いているのだと思う。

「湘南」は出身のアーティストに愛される場所だ。もちろんさまざまなアーティストは個々に自分の出身地への愛情を表現することも多い。硬派のアーティストは場所というよりもそこにいる人々との繋がりを重要視しているように見える。これはとても大事なことだ。彼らの作品からは濃密な「湘南」の人々との関係が浮き上がってくる。いわゆる「地元」意識がそれを支えているのだろう。

MV（ミュージックビデオ）の中の「湘南」

音楽が映像と一体化したのは、本格的にはMTVの登場からになるだろうか。それ以前にもMVめいたものを作っていたアーティストもいる。記憶の中では井上陽水の「夢の中で」がある。石段に座っている彼の横をさまざまな人々が通り過ぎるといった構成のものだ。1970年代のことだ。現在ではYouTubeをはじめとした動画サイトは当たり前のものになり、いつでもどこでもMVを楽しむことができる。

さて東京の近隣であり、かつ風光明媚な「湘南」は数多くのMVのロケ地になってきた。ZARD「MIND GAME」ではジャケットに秋谷の「Restaurant Don」を使っている。秋谷は正確には横須賀なのだが、不動産業が「南葉山」と呼ぶ辺りにある。「ハートに火をつけて」のジャケットではVilla PINZA 葉山、「もう探さない」のMVでは葉山御用邸裏の海岸、「愛が見えない」のジープに乗っているシーンも葉山であるし、葉山のパティスリー、ラ・マーレ・ド・チャヤも登場する。「サヨナラは今もこの胸に居ます」では逗子海岸の南側の2階建てロンドンバスを改造した黄色いホットドッグ屋、サブマリンドッグもジャケットに出てくる。すでにこの店は閉店しているので、聖地巡礼は叶わないが、しかし改めてウェブ上にZARDのファンの聖地巡礼行動の多さに驚く。ヴォーカルの坂井泉水が突然、40歳の若さで亡くなったこともその背景にあるのかもしれない。

もちろんZARDのMVはアメリカで撮影したものや東京、横浜などで撮影しているものも多いのだが、ライブをほとんどやらず、またテレビの音楽番組にも出演することのなかったZ

写真8　マーロウ秋谷本店

ARDはMVをはじめとしたビジュアルイメージが重要だった。坂井泉水の出身地は平塚、「湘南」ではあるが、どちらかというとイメージ構築に「湘南」の風景が適切だったのではないだろうか。

　オフコース「君住む街へ」（写真8）のMVで秋谷本店の「マーロウ」が使われている。海に面して建つその外観はピンクの壁がとても印象的だ。小田和正がマーロウのピアノを弾いているシーンもある。マーロウは有名なカフェだが、特にプリンが人気であり、遠くからもこのプリン目当てに訪れる客が絶えない。「夏の日」のMVでもマーロウは登場する。小田がソロになってからの

「真夏の恋」にも出てくる。これは相当なこだわりと見てもいいだろう。葉山店とよく間違える向きもあるが、葉山店からは海は見えない。秋谷本店は正式には横須賀市秋谷になるのだが、車でわずかに西に行けば長者ヶ崎でそこを越えれば葉山に入る。秋谷もぎりぎり「湘南」と呼べないこともないだろう。

小田は横浜市の金沢文庫の出身、高校は聖光学院高校、おそらくこの界隈も馴染みのある場所だったのだろうか。横浜を歌った楽曲では「秋の気配」が知られているが、これは港の見える丘公園が舞台になっている。

マーロウについて少し補足をしよう。1984(昭和59)年創業、店名はもちろんレイモンド・チャンドラーの小説の主人公、探偵フィリップ・マーロウから採ったものだ。この店のプリンはマーロウのイラストが描かれたビーカーに入っている。今では1日2000個売り上げるというが、イラストのバリエーションも豊富で、ビーカーを集めている客も多い。料理は地元佐島港に水揚げされた新鮮な魚介類に、三浦界隈の野菜を使い、醤油ベースの特製和風ドレッシングを合わせた「お刺身風盛り合わせサラダ」、そして渡りガニを2ハイ使った「渡りガニのトマトクリームスパゲティ」などがお勧めである。現在は本店を含めて7店舗で営業している。

ゆずも横浜のイメージが強いアーティストだが、MVでは「夏色」で江ノ電路線沿いにある七里ヶ浜駅より徒歩5分の県立七里ヶ浜高校沿いの坂道が使われている。その坂道をゆずの二

写真9　逗子マリーナ（写真提供：時事通信フォト）

人が自転車で下っていくというシチュエーションになっている。現在では「夏色の坂」と呼ばれているらしい。

「この長い長い下り坂を
君を自転車の後ろに乗せて
ブレーキいっぱい握りしめて
ゆっくりゆっくり下ってゆく」（「夏色」ゆず）

また「サヨナラバス」のジャケットには江ノ電バスが使われており（MVは東海バスを使用）、多少は「湘南」方面にもといったところだろうか。もちろん彼らの出身地である横浜の岡村町はゆずの聖地の宝庫である。
さて西野カナのMVは全国縦断といった具合で、函館、沖縄、軽井沢、宇都宮、ハワイ、そして東京と網羅されている。「もっと…」

では歌詞は普遍的なラブソングなのだが、ＭＶでは逗子マリーナ（写真9）が使われている。

先に山下達郎は「湘南」のカテゴリーではないなどといってしまったが、最近の作品のＭＶを観ると一概にそう断言はできないかもしれない。２０１３（平成25）年、映画『陽だまりの彼女』の主題歌としてリリースされた「光と君のレクイエム」のＭＶは、映画の映像を使って製作されたので、江ノ島周辺がふんだんに登場するし、それから3年後にリリースされた「CHEER UP! THE SUMMER」も全編が藤沢で撮影された。ＭＶのストーリーは球場で、夏の甲子園予選で負けた高校球児が落ち込んでいる横にチアガールがいて、励まそうとする。そして辻堂海岸でチアガールたちがダンスを踊るというものだ。

そういえば１９８４（昭和59）年の『COME ALONG』を思い出す。あくまでレコード会社の企画から誕生したこのアルバムは山下達郎を多くの人に知らしめることになった。ジャケットは『FOR YOU』同様、鈴木英人の作だ。２０１７（平成29）年、『COME ALONG 3』を前作から33年振りにリリースするに当たってのワーナーミュージックのコメントが以下である。

当時のフライヤーのキャッチコピーを引用すると、「シティ・ボーイ、サーファー・ガールの間で話題騒然!!　噂のスペシャル・コピーついに発売!　OUTDOOR BOYS & GIRLS VIBRATION!　小林克也の快適なＤ・ＪでつづるTATSURO のベスト・セレクション!　リズミックなナンバーでまとめたSide AはDancing Side。Side BはハワイFM局KIKIステーションより、ノース・ショア、サンセット・ビーチの波の音をバックに贈る山下達郎特集。KIKIの人気サーフD・J・チャーリーよりノース・ショア、アラモナ・ビーチ、ダイアモンド・ビーチの波情報。そして達郎ファンの地元ハイスクールのマリヤ（？）からのTEL。はたまた竹内まりやによるマカハ・ビーチで行われるジープ・レースの紹介と楽しい構成だ。

直接的に「湘南」というわけではないが、やはり「夏」や「海」がテーマになっていることがよくわかる。それもサーフィンのメッカ、ハワイを色濃く意識しているようでもある。山下達郎のひとつのテーマが「夏」や「海」であることには異論はないだろう。それが間接的に「湘南」を浮き上がらせてきたのかもしれない。

2017年にリリースされた大原櫻子「さよなら」のMVも「湘南」だ。歌詞には以下のように具体的な地名は東京しか盛り込まれていない。

「ひとり見上げる東京の空　改札駆けるようにいそぐ背中
誰もわたしを知らなくて　でもね　それなりに暮らせているよ」　（「さよなら」大原櫻子）

彼と別れてから一人で行く先が「湘南」なのかもしれない。このMVには江ノ電、極楽寺駅が登場し、データには「湘南」の海岸で撮影とあるが、背景に江ノ島が映り込んでいないところから、江ノ島より西側と推測できるが、どうだろう。楽曲はいきものがかりの水野良樹、MVに出てくる海岸は、楽曲の雰囲気に合う少し曇った絶妙な空模様の「湘南」海岸で、こういう表情の「湘南」もまた魅力的と捉える向きもあるだろう。

アジアン・カンフー・ジェネレーションの「湘南」

写真10 アジアン・カンフー・ジェネレーション『サーフ　ブンガク　カマクラ』

最近では「湘南」についての新たなアプローチも増えている。それは世代の違いもあるに違いない。2008（平成20）年にリリースされたアジアン・カンフー・ジェネレーションのアルバム『サーフ　ブンガク　カマクラ』を取り上げてみよう（写真10）。これは彼らの5枚目のアルバムだ。オリコンチャートでは最高位2位を記録している。「湘南」のスタジオで録音されたアルバムでもある。

アジアン・カンフー・ジェネレーションは2003年にメジャーデビュー、日本のロックシーンを代表するバンドだ。シングル、アルバムともに好セールスを維持し続けている。彼らは横浜市金沢区の関東学院大学の出身で、おそらく鎌倉や「湘南」には随分馴染みがあるに違いない。この『サーフ　ブンガク　カマクラ』は全ての曲に江ノ島電鉄の駅名が使われている点が面白い。ちなみに曲順を追っていくと、「藤沢ルーザー」「鵠沼サーフ」「江ノ島エスカー」「腰越クライベイビー」「七里ヶ浜スカイウォーク」「稲村ヶ崎ジェーン」「極楽寺ハートブレイク」「長谷サンズ」「由比ヶ浜カイト」「鎌倉グッドバイ」である。鎌倉を中心にということになるが、江ノ島電鉄であるからやはり「湘南」である。

ヴォーカルの後藤正文はこのアルバムを作成する契機について以下のように述べている。

それは結構前なんですよ。シングル『或る街の群青』のカップリングに『鵠沼サーフ』が出来たときに「こういう視点も良いな」って思ってね。いつもは自分の目線で詞を書くっていうね、内から出てくるもの、叙情詩っていうのが多くて、ふと海辺の風景を切り取ったような歌詞っていうのはあんまり書いたことがなかったんだよね。だから「これ良いな。こういう書き方も自分は出来るんだ。だったら挑戦してみたいな」っていうのがあって。で、当時『鵠沼サーフ』がキッカケなのか分かんないけど、取材なんかを鎌倉で受けることとかもあったりして、行ってみたらやっぱり素晴らしかったので「これは江ノ電で1枚作れるな」って思って。

(『ホットエキスプレス・ミュージックマガジン』2008年)

江ノ島電鉄は通称「江ノ電」、「湘南」の象徴ともいえるべき存在で、1902(明治35)年に藤沢―片瀬間が開業、1910(明治43)年に鎌倉まで延伸した、基本的には2両連結の電車である。きわめて小さい車両限界や江ノ島―腰越間などに道路上を走る区間があることにより、現在でも路面電車の一種として江ノ電が取り上げられることが多い。現在ではさまざまなコンテンツ作品に江ノ島電鉄は登場するが、「江ノ電」=「湘南」イメージの形成には1978(昭和53)年から翌年まで放映されたテレビドラマ『俺たちの朝』が大きく寄与している。日本テレビの『俺たちの勲章』『俺たちの旅』に続くシリーズの第三弾ということになる。

詳しくは後ほど述べるが、若者たちの鎌倉・極楽寺での共同生活を中心にしたいわゆる青春もので、このテレビドラマのおかげで当時、赤字だった江ノ島電鉄を一気にメジャー化させたといわれている。ロケ地は他に小町通りや稲村ヶ崎などであった。当初は13話の予定だったが、人気ドラマになったことで48話になった。サザンオールスターズ以前は、このテレビドラマが「湘南」だった。以降、音楽だけではなく、映画やマンガにまで江ノ電が登場することが多くなった。

『サーフ　ブンガク　カマクラ』の楽曲中にも幾つか具体的な場所が登場する。まずは曲タイトルにもなっている「江ノ島エスカー」だ。松本太洋『ピンポン』にも乗り場が登場している。かつて江ノ島の頂上に行くのには数百段の石段を登らねばならなかったが、1959（昭和34）年に国内初の屋外エスカレーターとして、高低差46メートルを4連で結ぶ全長106メートルの「江ノ島エスカー」が登場した。石段を登ると20分以上かかるが、これを使うと約4分で頂上まで行ける。4つのエスカレーターを乗り継ぐ形になっている。この楽曲は埼玉の少年がバイクで江ノ島まで来て恋に落ちるといった設定になっている。

「七里ヶ浜スカイウォーク」、これは海辺のファーストキッチンで青年が海の風景を眺めているのだろう。このファーストキッチンは七里ヶ浜のビーチサイド、しかも国道134号線の海側というロケーションに建つ「ファーストキッチン七里ヶ浜店」のことだ。この店は全国的に見ても珍しい、海に面したテラスがあり、七里ヶ浜界隈のコミュニティスペースになっているといった観がある。江ノ電七里ヶ浜駅から鎌倉方面に歩いていくとファーストキッチンはある。あと「鵠沼サーフ」には特定はできないがサーフショップ、「藤沢ルーザー」にはJR藤沢駅の3番線ホームが出てきたりと地域のディテールにこだわりを見せている。

ロックバンドの新たなアプローチといえようか。アルバム一枚を江ノ電界隈の「湘南」をモチーフに作っていくという斬新さは高く評価されるべきであろう。音楽と場所の関わりに関しての再構成がこのアルバムの中でなされていく。短編小説のようなそれぞれの楽曲は取り立てて特別なシチュエーションを描いているのではなく、日常生活の中の「湘南」を描いている。サザンオールスターズのアプローチとは違うアジアン・カンフー・ジェネレーションが解釈した見事なご当地ソング群といえるだろう。

「湘南」といえばもちろん海のイメージが強い。いわゆる首都圏の中の非日常という位置付けになる。しかし『サーフ ブンガク カマクラ』に見られるように「湘南」を生活圏として捉えているものが多いことに気がつく。前掲した『俺たちの朝』もそうだったが、決してリゾート的な捉え方ではなく、人々が生活を営む、普通の場所として作品の舞台に使った事例が多い。つまりもう「湘南」はかつての高級別荘地やリゾート地ではなく、首都圏から見れば通勤圏、生活圏になったという現実があるのだろう。

写真11 キマグレン『ZUSHI』

今でもみんな「湘南」が好き

2015（平成27）年に解散したキマグレンも「湘南」、すなわち逗子に拠点を構えて活躍していた。彼らは逗子で音霊 OTODAMA SEA STUDIO という海の家兼ライブハウスを経営していて、逗子に対する愛情は作品のみならずさまざまなところに見え隠れしていた。オリコンのアルバムチャートで1位になった1stアルバムのタイトルからして『ZUSHI』であり、アルバムのジャケットは総じて逗子海岸で撮影されている（写真11）。彼らの初めてのシングルヒット曲「LIFE」もプロモーションビデオは逗子であったのも懐かしい記憶だ。

ちなみにアーティストブックの『HONDAMA～本魂～』では2ndアルバム『空×少年』に収録されている「海岸中央通り」の歌詞をなぞった60ページにも及ぶ逗子案内が掲載されている。「海岸中央通り」は正式名称ではない。いわゆるJR逗子駅から逗子銀座商店街を途中で抜けて、逗子海岸入口から海岸に向かう道筋のことなのだろう。歌詞からすれば後者なのかもしれない。キマグレンは「夏」をひとつのコンセプトにしており、逗子の魅力を発信するために寄与していたといえる。

2008（平成20）年には「かながわ観光親善大使」に任命され、シングル「LIFE」のインストが京浜急行・新逗子駅の列車接近音に使用され、翌年には葉山—逗子間にやはり京浜急行がキマグレン号バスを運行させた。キマグレンの楽曲は従来の「湘南」イメージを継承、発展させるようなスタンスではあるが、しかしそれもまた逗子のひとつの魅力になっていたことは否定できない。

あまり「湘南」のイメージはないが、サニーデイ・サービスの「江ノ島」という作品がある。この曲は1999（平成11）年のアルバム『MUGEN』に収録されている。

「ゆるやかなカーブ車は風を切り　平日にぼくら海へと走る　電車のホームに佇むふたりを見た
言葉は少なく　さよならも言えず」
（「江ノ島」サニーデイ・サービス）

マンガ家、よしもとよしともの短編『ライディーン』をモチーフにして作られたこの作品は、彼らの作品でも人気が高く、いわゆる隠れた名曲といわれている。「湘南」の海沿いをドライブしているような歌詞が印象的だ。『ライディーン』は友人の葬儀で久々に集合したクラスメートたちと思い出話をしているうちにとあるきっかけで鎌倉での高校時代の淡い失恋を回想するといった物語だ。

レミオロメンは大ヒット曲「粉雪」が有名だが、彼らは山梨県の出身、「湘南」のイメージはあまりない。しかし関東エリアと想定すると、行動の範囲に含まれるのだろう。「花火」は2008（平成20）年のアルバム『クロマ』に収録されている作品だ。舞台は鎌倉の海だから、由比ヶ浜か七里ヶ浜だと思われる。「夏」と「海」には花火がつきものだ。まさに日本の「夏」が「湘南」には凝縮されている。もちろんここに登場する花火は打ち上げ花火ではなく、線香花火だ。頼りなく光る線香花火に恋をなぞらえている甘酸っぱい青春時代のひとコマだ。

「星のたなびくnight 鎌倉　風の匂いは海と闇と花火を上げて　はしゃぎ合おうぜ」
（「花火」レミオロメン）

さてソナーポケット「線香花火～8月の約束～」を見てみよう。この作品も線香花火が登場し、舞台は江ノ島だ。レミオの「花火」に物語も似ている。やはり線香花火と恋である。線香花火は「束の間」や「瞬間」を意味する小道具だが、恋人同士の関係はそうであっては困るのだ。できれば永遠に続けられればと誰もが願う。この作品は2013（平成25）年のシングルである。彼らは名古屋の出身、デビュー以降の東京での生活から「湘南」が活動範囲に入ってきたということなのだろうか。

「人で溢れた江ノ島で　二人だけのパラソルの中かき氷で青く染まる唇見て　二人笑う」

（「線香花火～8月の約束～」ソナーポケット）

上述したようにキマグレンは別として、「湘南」出身ではなくても、「湘南」を歌詞世界の中に取り込むアーティストも多い。それは「湘南」の持つイメージがそうさせているのか、それとも実生活の中での「湘南」の発見なのか、そこはよくわからないが、ただ「湘南」がポピュラー音楽の中で、時代を超えて一定の認識をされているということの証明でもあるだろう。

第3章

「湘南」の文学

村井弦斎『食道楽』

1863（文久3）年に生まれた村井弦斎は、9歳でロシア語を学び、20歳で渡米して1年を過ごした。帰国後は『郵便報知新聞』を発行していた報知社に入社、社長の矢野龍渓の勧めで、小説を書くようになる。1901（明治34）年からは『百道楽』という新聞連載のシリーズを始め、『釣道楽』『酒道楽』『女道楽』『食道楽』『食道楽続編』と続けていった。中でも『食道楽』（写真12）は単行本にもなり、当時のベストセラーになった。

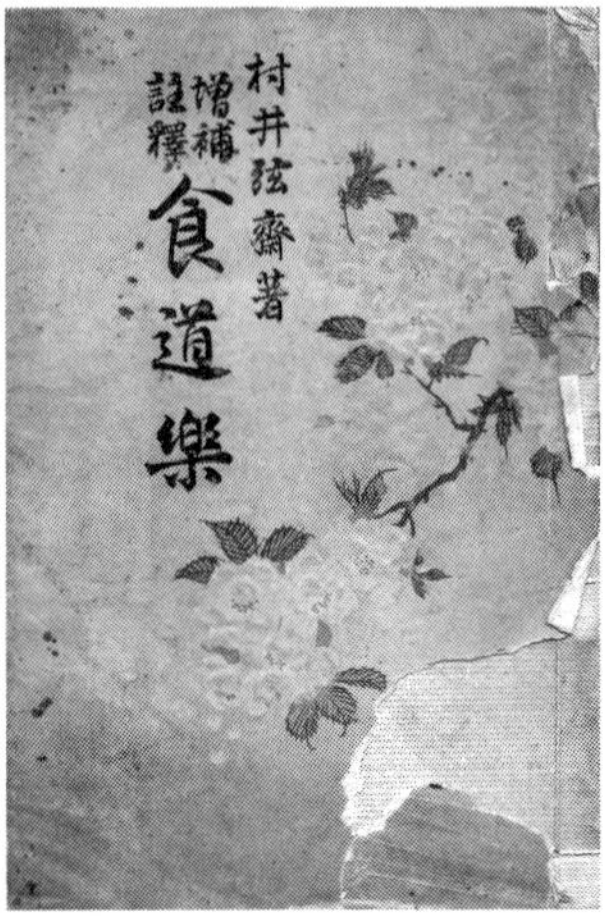

写真12　村井弦斎『食道楽』

弦斎は1904（明治37）年から亡くなるまで平塚の南側に住み、『食道楽』の印税で屋敷の敷地内に和洋の野菜畑、果樹園、温室、家畜の飼育施設、厩舎を作り、新鮮な食材を自給した。当時はまだ珍しかったイチゴやアスパラガスの栽培まで行っていたという。そういう意味ではこだわりの人であったともいえるだろう。また屋敷に各界からの著名人を招待したり、著名な料理人や食品会社などの試食品が届いたりとまるで美食の館を呈していた。当時は大磯などに著名人の別荘があったことも、平塚の地の利であっただろう。その後、彼は断筆し、報知社も辞職、玄米食の研究に没頭し、断食や自然食の実践に励んだ。

本人の没後、屋敷の一部は河野一郎、小平波平に売却しているが、その後は村井弦斎公園となり、平塚市では2000(平成12)年以降、「村井弦斎まつり」を開催している。この祭りはもちろん村井弦斎を顕彰し、彼が好んだ箏《そう》、尺八、野点、『食道楽』のレシピ再現などの企画を実施している。まだローカルヒーローの域を出ないが、NHK朝の連続ドラマ『ごちそうさん』には彼をモデルにした室井幸斎という人物も登場していることや、地元のパン屋でも「村井弦斎カレーパン」などの開発も進んでいることから、今後の広がりにも期待できるだろう。

さて本題は「湘南」である。何故、彼が平塚に居を構えたのか、この点が注目される。例えば同時期に茅ヶ崎の高砂緑地に「萬松園」と名付けられた邸宅を構えた川上音二郎を連想させる。

さきの雷坊らしき少年と川上家の内弟子の谷斎一が犬と戯れ、ロバと山羊も一緒に写っている。他に豚や家鴨も飼っていて、まるで動物園のようだったという。周囲は茫漠たる松林で、背景にかすかに万松園の屋根が見える。内弟子たちは、早朝からブーブー、ガーガーとやかましく鳴き立てる動物の声に悩まされた。が、人工的な都会育ちの貞には、このように鄙びた一軒家に動物たちと暮らすのが、年来の夢であり、五年ぶりに得た安らぎであった。

（『女優貞奴』山口玲子著／1993年）

安島博幸・十和田朗は、著書『日本別荘史ノート―リゾートの原型』（1991年）で別荘分類を近郊賓客接待型、高原避暑型、温泉保養型、海浜保養型、農場経営拠点型、近郊保養型と分類しているが、村井も川上も農場経営拠点型を目指したのかもしれない。村井弦斎に関しては『『食道楽』の人　村井弦斎』黒岩比佐子著／2004年）が本格的な評伝になる。それによれば、弦斎は1900（明治33）年に多嘉子と結婚、その後に大磯に転居、そこから小田原、そして1904（明治37）年に平塚に転居することになったようだ。彼はこの平塚の自邸を「対岳楼」と名付けた。富士山がよく見えたからだという。敷地の面積は1万6千400坪あったという。

「平塚の弦斎の邸宅には、次第に食に関係した人々がたくさん出入りするようになる。江戸時代から有名な「八百善」の八代目主人の栗山善四郎も、料理人を連れてときどきやってきた。村井家のコックだった加藤舛太郎もよく訪ねてきて、得意のタンシチューやオックステールシチューなどをつくった。生稲忠兵衛という「むきもの」の名人が来て、大根や芋から牡丹や百合や菖蒲の花や鶴亀などを見事に細工してみせて、子どもたちを喜ばせることもあった。味の素創業者の鈴木三郎助、森永製菓創業者の森永太一郎、カルピス創業者の三島海雲なども、〝平塚詣で〟をしている」（同書）というように「食」関係の人々の「場」になっていたことが伺われる。

弦斎は現在ではポピュラリティを持つ作家ではないかもしれない。ただ「湘南」の文学を考える上では重要な役割を担っているといえる。小田原でも弦斎の転居を契機に齋藤緑雨、小杉天外が移ってくる。齋藤緑雨は樋口一葉没後に、博文館の『一葉全集』の校訂者として知られている。弦斎との交流も彼の『小田原日記』に伺われる。その後、小田原には谷崎潤一郎、岸田國士、北原白秋、三好達治、坂口安吾なども住んでいたことがあった。

徳富蘆花『湘南雑筆』

徳富蘆花（本名、徳富健次郎）は、1897（明治30）年1月に東京赤坂から逗子の柳屋に転居した。ご存じのように彼は明治から昭和にかけて活躍したジャーナリスト、思想家である徳富蘇峰の実弟であった。蘇峰は國民新聞を発行したことでも知られている。二人とも熊本の水俣の出身、熊本洋学校に学び、キリスト教に入信し、同志社英学校に学んだ熊本バンドの一員だった。しかし蘇峰は同志社を中退、自由民権運動に身を投じ、1886（明治19）年、『将来之日本』で名を上げ、その後、民友社を設立した。蘆花も同志社を中退、兄のもとで下積後、自然詩人として出発、『不如帰』『自然と人生』で人気作家となった。
しかしやがて国家主義的傾向を強める蘇峰とは不仲になり、1903（明治36）年には兄への「告別の辞」を発表し、絶縁状態となった。『湘南雑筆』は『自然と人生』（写真13）に収められている。『湘南の誕生』にはこうある。

蘆花は、1897（明治30）年1月に東京赤坂から逗子の柳屋に転居、「湘南雑筆」の基となる原稿の執筆を始め、12月まで執筆した。翌98年元旦に『國民新聞』に「湘南歳余」を掲載したのを初めとして、「写生帖」の題で連載し、自然詩人の名声を得るようになり、1900年8月に「湘南雑筆」を含む『自然と人生』を出版したのである。「湘南雑筆」に描かれた湘南は、逗子ないし逗子から見た相模湾や富士・箱根・伊豆の山々であるが、そこで描写された湘南の景観は、けっして南画趣味の風景ではなかった。ヨーロッパ的な視点から試みた自然のスケッチであった。『自然と人生』は、1900年8月の初版発行から11月には3版を重ね、当時と

写真13　徳富蘆花『自然と人生』

しては爆発的なベストセラーとなった。1928年5月には実に373版に達し、50万部を突破したという。

それゆえに湘南の美を新しく社会に認めさせた蘆花の功績は大きかった。

ヨーロッパの視線で、湘南の自然の美しさを新しく描き出してみせたこの作品は、それまでの風光明媚という伝統的な風景観を打ち破り、湘南の美を西洋的な視点から決定的にイメージづけた非常に重要な作品であった。そしてそれは、葉山から国府津あたりにかけての相模湾沿いの地域を湘南と称することを全国的に印象づける契機となったという点でも非常に重要であったのである。

（ウェブサイト『湘南プロムナード』）

『湘南雑筆』が、「湘南」の風光の美しさを全国に知らしめるとともに、1898（明治31）年から1900（明治33）年にかけて蘆花が「湘南」という地域呼称を使用したことで、「湘南」は全国的な知名度を獲得することになる。ほぼ同時期に先述したように海水浴場が大磯を皮切りに、三浦半島から伊豆半島にかけて開設され、別荘地や住宅地が誕生していく。この変化に反応したのが、鉄道会社だった。江ノ電、小田急、京急と、この地域に鉄道網を延伸させていく。

こうした状況を背景に、相模川以東地域では大正末年から昭和十年代にかけ、『職業別電話名簿』や『銀行会社要録』によれば、「湘南」と冠する会社名や学校名、さらには病院名が、各地域に急増する。かつて、平塚、大磯、二宮、小田原の地域に集中した「湘南」の冠が、相模川以西地域に限られることなく拡大したのである。この時点で現在の「湘南」の範囲が決定したともいえる。

逗子市蘆花記念公園の「『自然と人生』蘆花散歩道」には、『自然と人生』の『湘南雑筆』から各月の作品一つを選び、ほぼ冒頭部分を記した立札があり、最後に「相模灘の落日（自然に対する5分時）」の立札を読み終わると、「逗子市郷土資料館」の門に辿り着くようになっている。

例えば「夏」（明治32年7月10日）は以下である。

「今日初めて蜩《ひぐらし》の聲を後山《こうざん》に聞きぬ。一聲《いっせい》さやかにして銀鈴を振れる如し。白日山に入り、涼は夕《ゆうべ》と共に生ず。外《ほか》に出づれば、川に釣る人あり。談笑の聲あり。笛聲《てきせい》あり。花火を揚《あ》ぐる子供あり」

『湘南雑筆』は蘆花の散文・散文詩の中でも自然に対する優れた描写力を示す重要な作品群である。その表現は、もはや修辞を用いることなく自然を意識や感情抜きで直視し、ありのままに描写するものとなっている。彼は、その後さらに『青蘆集』（民友社／1902年8月）や『みみずのたはこと』（新橋堂書店・服部書店・警醒社書店／1913年1月）で、自然を確かな眼で捉えた作品を発表するようになっていく。

逗子では田越川沿いの柳屋に部屋を借り、4年もの間、『不如帰』などを執筆、その後、彼は1907（明治40）年に現在の東京都世田谷区粕谷に転居、亡くなるまで約20年を過ごした。没後の1936（昭和11）年、夫人により旧宅、耕地などが東京市に寄付される。それが公園化して「蘆花恒春園」となる。それを理由に京王線の上高井戸駅が芦花公園駅に名称変更される。

終の棲家は世田谷ではあったが、「湘南」イメージの拡散において、蘆花の功績はとても大きい。現在は相当、開発の手が入ってしまっているが、彼の生きた時代には「湘南」はまだ手付かずの自然が至るところに残っていたのだろう。まさに『自然と人生』の体現が「湘南」だったのかもしれない。

鎌倉文士の誕生

「鎌倉文士」という言葉がある。これは鎌倉に在住していた作家の総称である。しかし、現在では文士という語が死語になると共に、鎌倉文士という語も死語になってしまった。

1889（明治22）年に横須賀線が開通し、鎌倉は東京の通勤圏内となった。同時に、東京の出版社からも往来が便利になったため、鎌倉にはこの頃から文学者が住み始めたとされる。

和田芳恵の『ひとつの文壇史』（2008年）は、のちの直木賞作家が昭和初期、新潮社に入社以降、作家との交流を回想したものだ。

このころ、長谷川さんは、鎌倉笹目介通の小さな家に住んでいた。「日の出」に、谷譲次のペンネームで『新巌窟王』を連載中であった。私は、この原稿を催促がてら、新しく担当者にかわったあいさつのためであったが、このとき『一人三人全集』の印税を届けるように、出版部から頼まれた。長谷川さんは、小袋坂に大きな屋敷を新築中なので、印税の督促もいそがしいということであった。

ここに登場する長谷川という作家は、長谷川海太郎のことである。彼は林不忘、牧逸馬、谷譲次の3つのペンネームを使い分けていた。まず谷譲次のペンネームでは、『めりけんじゃっぷ』ものやヨーロッパ紀行を書く。林不忘のペンネームで剣戟小説『丹下左膳』の連載を開始。牧逸馬のペンネームでは、第一次大戦後の欧米の犯罪記録を読物化した『世界怪奇実話』シリーズや、風俗小説を書くといった具合に、わずか10年あまりの作家生活で『一人三人全集』16巻にまとめられる膨大な作品を残した。しかし1935（昭和10）年、35歳で逝去した。

長谷川海太郎も昭和初期の鎌倉文士の一人で、鎌倉笹目介通は佐介と長谷の間に位置する、現在の笹目町に当たる。かつては笹目ヶ谷、佐々目、佐々目ヶ谷とも呼ばれていた。小袋坂は巨福呂坂とも書く。鶴岡八幡宮裏手の雪ノ下から山之内を結ぶ道で、鎌倉七口と呼ばれる切通しである。豪華絢爛だったその長谷川海太郎邸は「からかね御殿」と呼ばれ、約3300平方メートルの敷地だったといわれている。

もちろんこれまで紹介してきたように、「湘南」は保養地としてのイメージが定着もしていた。住むのに適した温暖な気候も作家を鎌倉に呼ぶひとつの要因になっていたことは否定できない。この「鎌倉文士」という呼称は昭和に入ってから使われ始めたとされる。明治から大正にかけては泉鏡花、島崎藤村、夏目漱石、芥川龍之介などの鎌倉への滞在は、それぞれの作家の活動に影響を与えている。

里見弴、久米正雄が1924（大正13）年、1925（大正14）年に相次いで鎌倉に移住してきた。この二人が「鎌倉文士」の代表格だろう。そして彼らはその後に移住してきた作家たちのまとめ役を担った。1933（昭和8）年に設立した「鎌倉ペンクラブ」も彼らが中心になった。そして永井龍男、大佛次郎、川端康成、横山隆一、小林秀雄、島木健作ら42人の作家、文化人が参加した。鎌倉は特に白樺派の作家が数多く住んだ（図6）。里見弴、久米正雄のほかにも有島武郎、有島生馬、長与善郎、木下利玄、岸田劉生、正親町公和、千家元麿、梅原龍三郎、倉田百三らいわゆる白樺派同人並びに同誌に何らかの形で関わった人々によって文学者

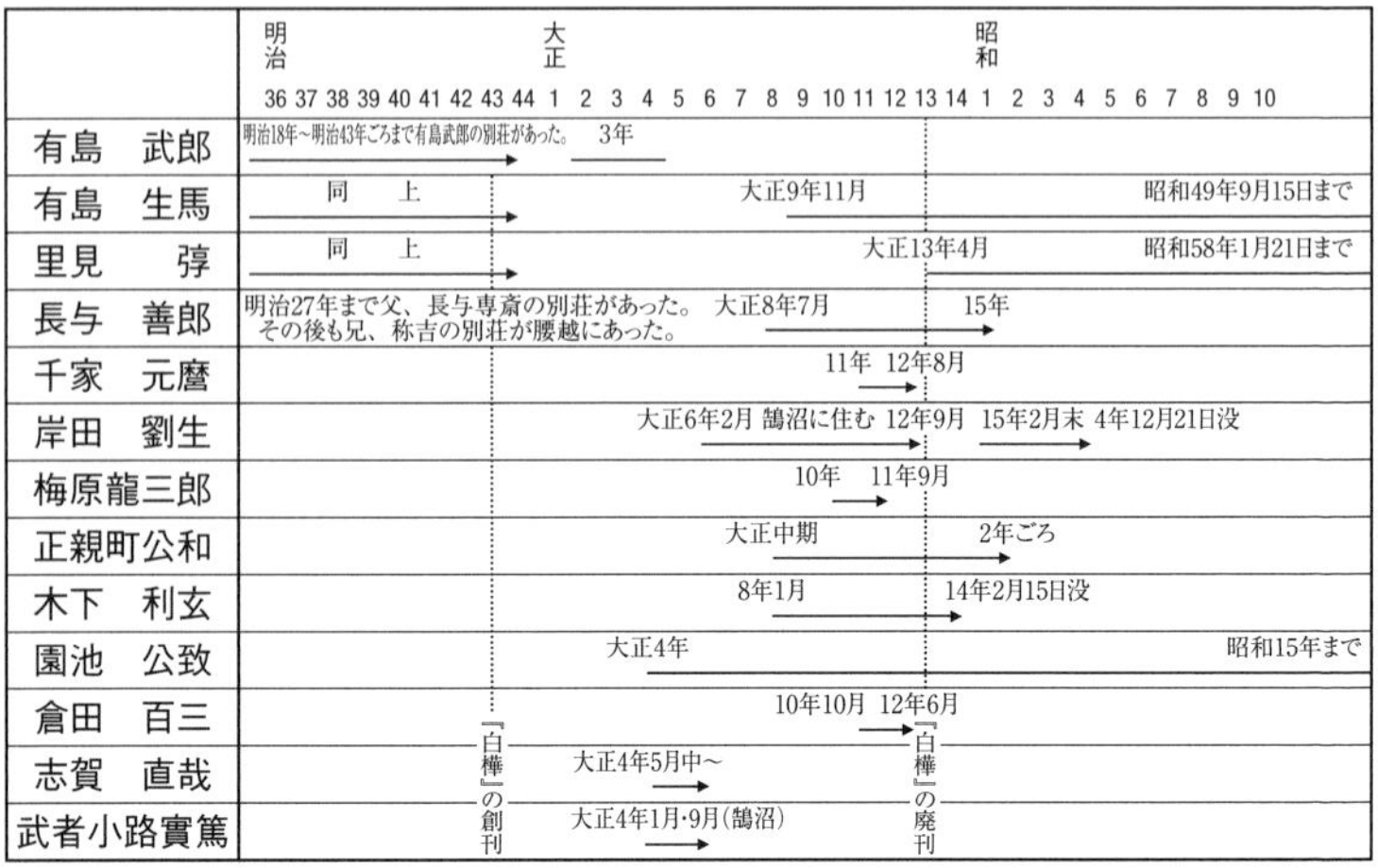

※表は鎌倉に別荘や本邸を持った年を記入した。 ※倉田百三は同人ではないが交流があったので記入した。

図6　白樺派の移住（『湘南の誕生』藤沢市教育委員会／2005）

や芸術家が集住、鎌倉は創作者たちの街といった様相を呈することになる。白樺派は華族などのいわゆるアッパークラスの子弟が多く集った。アイデンティティの共有が比較的容易だという側面も持っていたが、しかし文学という点が共通意識を作り得た最大の要因といえる。

矢島裕紀『文士が歩いた町を歩く』（2005年）では、里見弴の贔屓《ひいき》だった由比ヶ浜大通り沿いに1929（昭和4）年から店を構える老舗鰻料理屋「つるや」や、川端康成や高見順などが好んで利用した和菓子屋「こまき」の水羊羹なども紹介されており、墓所のみならず文学碑や句碑なども数多く点在する。まさに文士が愛した街の佇まいが未だにここそこに残っているのである。

例えば作家が同一地域に集住する事例は他にもあった。芥川龍之介や室生犀星などが集まった田端文士村、尾崎一雄や宇野千代などが集まった馬込文士村、横光利一や井伏鱒二などが集まった阿佐ヶ谷文士村など、大正から昭和初期にはこういう創作者たちの集住が顕著だった。竹久夢二や谷崎潤一郎などが住んだ本郷菊富士ホテルなどもその流れの中にあるし、画家がアトリエを持った池袋モンパルナスもそれに近いものだ。ちなみに何故、彼らは集うのだろう。集住といえばいいのだろうか。同好の士が集まることが好きだったのかもしれない。

類は友を呼ぶといったことなのだろう。同人誌などもこのようなメカニズムに支えられているといっても過言ではない。もちろんそれぞれの家が情報交換や議論の場所としての中心になっていたが、馬込に関して近藤富枝は『馬込文学地図 文壇資料』（1976年）で、宇野千代と萩原朔太郎が散歩をする様を描写しているが、ストリートもその場所としてあったという見方もできる。つまり作家が集積する界隈が「場」になっていたともいえる。

またカフェ・プランタンから始まる文壇カフェ、カフェ・パウリスタ、カフェ・タイガーなどの銀座界隈のカフェ、画家が集まった本郷団子坂のリリオム、シュルレアリスト、ダダイスト、アナキストが集った南天堂なども当時の集住装置だったといえよう。都市化する東京はさまざまな場所を彼らのために用意していくことになる。南天堂に関しては「大正一三年、東京放浪中の林芙美子は、短期間同棲することになる新劇俳優の田辺若男を知り、彼を通じて南天堂グループと知り合うようになった。若い林芙美子はたちまち彼らの自由で熱気あふれる雰囲気に巻き込まれ、創作意欲をかきたてられていった」(『林芙美子の昭和』川本三郎著/2003年)とあるように、ひとつの創造の場としての側面を有していたことがわかるだろう。

里見弴『安城家の兄弟』は、1929(昭和4)年から2年間に渡って書かれた自伝的長編小説である。昌造が主人公、七里ヶ浜を、安城家の長男文吉と4男の昌造が、夕日を浴びながら歩いていた。昌造は兄の寂しそうな表情に驚く。そこに自分に近いものを感じたからだ。放蕩作家の昌造に対し、文吉は妻なき後もストイックな人生を送っていた。予感は当たる。やがて文吉は雑誌記者の人妻と心中した。昌造は弟里見の、文吉は兄の作家有島武郎がモデルになっている。現実、武郎は婦人記者波多野秋子と軽井沢で縊死《いし》した。『多情仏心』と並び称せられる代表作とされる。

このようにして鎌倉在住及び所縁の作家は、鎌倉を舞台にした作品を発表していくことになる。夏目漱石『門』、久米正雄『破船』、武者小路実篤『友情』、川端康成『舞姫』、島木健作『野の少女』など、戦後に至っても鎌倉は数多くの小説の舞台になっていくのである。

「太陽族」の登場

石原慎太郎『太陽の季節』は「湘南」と若者文化を強く結び付けた。1955(昭和30)年、文芸雑誌『文学界』に掲載され、同年の第1回『文学界』新人賞を受賞、翌年、第34回芥川賞を受賞して、当時、大きな話題を呼んだ。同年、映画化もされ、その内容が問題になり、製作者側の内部機関だった「映画倫理規定管理委員会」が、外部の委員も参加する「映画倫理規定委員会」と改められる契機となった。

物語の中では、高校生の津川竜哉がボクシングに熱中しながらも自堕落な生活を送っていた。和泉英子と交際を始めるが、その後、竜哉はグループの連中と高原や「湘南」の海岸で遊ぶようになる。英子も葉山の別荘にやって来たが、竜哉は彼女と遊ぶかたわらで相変わらず女遊びを続けた。しかし英子は彼のあとを付け回すようになって竜哉はわずらわしくなる。ある日、兄の道久や女子大生などで油壷に行ったとき、竜哉は女子大生と、英子は道久と関係を持つ。翌日兄弟は賭けをする。道久が、まだ英子が竜哉を愛しているなら5000円をやるという。竜哉は賭けに勝つが、彼は5000円で英子を道久に売る約束をして志賀高原に遊びに行ってしまう。ところが英子が竜哉の子を身ごもったことがわかり、彼女は中絶手術を受ける。しかし手術は失敗し、彼女は亡くなる。葬式で竜哉は英子の自分に対する復讐を感じ、遺影に香炉を投げつけ涙を見せたという筋立てになっている。

作品の芥川賞受賞後の石原慎太郎と大宅壮一の対談で、大宅が「太陽族」の言葉を用いたことから、夏の海岸で無秩序な行動を取る享楽的な若者のことを指す言葉として世間に浸透した。「太陽族」の象徴的なファッションとしては「慎太郎刈り」「アロハシャツ」「サングラス」などが挙げられた。難波功士は著書『族の系譜学ｰユース・サブカルチャーズの戦後史』

（2007年）で、1998（平成10）年の『文藝春秋』誌上での「思い出に残る芥川賞作品」読者アンケートにおいて『太陽の季節』が第一位になったことを挙げ、「だがこのアンケートの結果は、小説の内容や石原慎太郎個人の力というよりは、同年に映画化された『太陽の季節』（日活）で銀幕デビューを果たし、石原慎太郎脚本『狂った果実』（1956年）の主役に抜擢された実弟石原裕次郎の人気との相乗効果であった」としている。

ちなみに映画『太陽の季節』は長門裕之、南田洋子主演。共演後、二人は夫婦となり、映画『狂った果実』で共演した石原裕次郎、北原三枝も結婚、さまざまな話題を呼んだ。難波はこのブームの背景に当時のメディア環境を指摘している。新聞総合調査委員会編『社会生活とマスコミュニケーション』（1960年）によれば、全国で1956年には映画館6123館、入場者数約9億9千4百万人、一人当たり鑑賞回数年約11回、翌年には映画館6865館、入場客数約10億1千万人、一人当たり鑑賞回数年約12・3回を数えることになったという。やがて後発のテレビ放送に凌駕されることになるが、当時の映画の影響力は現在の比ではなかった。

社会的に見ると、ようやく戦後が終わり、現在に続く消費社会が台頭してきたころだった。もちろん当時は現在のように中産階級意識の階層が大部分の社会ではなかったから、いろいろ階級差みたいなものがあった。アンダーミドルもあったし、アッパーミドルもあった。私はあの小説に出てくる、私たちの青春風俗というのは、身分が学生だっただけに一般の社会人よりも当然消費能力は低いわけで、その限りでは背伸びもしていたといえる。しかし若い人なりに、消費生活があたえる生活様式で、風俗から醸し出される情念・情感というものに対しては非常に敏感だった。

(石原慎太郎「『太陽の季節』のころ」/『〝太陽族〟の季節:新旧混在の時代』に所収/1982年)」

難波は上記の石原のコメントと同時代に青春時代を送った作詞家の阿久悠のコメントを紹介している。非常にその対比は面白い。当事者と傍観者といえばいいのだろうか。阿久には遠い世界の話に見えていたらしい。

ぼくが唖然としたのは、日常の生活ぶりの驚くべき落差だった。ぼくの周辺には、ヨットやスポーツカーはいうに及ばず、ヴィラもナイトクラブもなかった。スコッチのウィスキーもコニャックもない。元華族の令嬢も、新興財閥のお嬢様もいなかった。しかも、それが如何にも日常だということになると、畳一枚千円の日常とはなんだろうという思いだった。何十キロしか離れていない湘南海岸が、地球の果て、あるいは、文化圏の違う国のように遠く思えたものである。(略)その年の夏から秋、海岸はもちろん街中にも太陽族が溢れた。風俗として、前年のマンボ族を引きついだようなところもあったが、大体は、映画における石原裕次郎をそっくり真似た。歩き方も、しゃべり方もなぞった。慎太郎刈り、黒いサングラス、アロハ、白いコットンパンツ、デッキシューズ、の若者がどっと溢れた。
（阿久悠「ヒーローは1・5倍で走った」／『60年・安保・三池闘争－1957－1960』
に所収／2000年）

弟の裕次郎は慶応ボーイだが、慎太郎は湘南高校から一橋大学である。彼は若い頃はそれほど裕福な方ではなかったと述べているが、片や阿久悠も淡路島から明治大学に進学するに当たって上京してくる地方出身者であった。同時代を生きてきたという共通点もあるに違いないが、文部科学省の学校基本調査から大学進学率の年次推移を見ると、1960（昭和35）年の大学進学率は10・3％、つまり石原も阿久もそういう意味では当時のエリート層に当たるのだろう。

阿久の出身大学である明治大学は、かつては地方出身者比率が高かった。やはり「太陽族」は東京圏（埼玉、千葉、神奈川含む）出身者にとっての身近な集団であり、地方出身者には縁遠いものであったことが、阿久のコメントから浮かび上がってくる。文部科学省の統計では、都内の大学に進学した東京圏以外の学生は、2002（平成14）年が4万5千5百27人で36・4％を占めた。しかし2016（平成28）年では4万2千9百98人で29・7％に減っている。ユースカルチャーを支える大学生の環境変化、そして減少は果たして今後はどのような社会現象を創っていくのだろうか。

さて「湘南」は石原慎太郎の青春時代を過ごしたところであり、それが『太陽の季節』という作品にも反映していると思われる。そして「湘南」と若者のイメージが色濃く形成されていくことになる。この流れが茅ヶ崎出身の加山雄三を起用した１９６６（昭和41）年からの「若大将」シリーズへと繋がっていく。このシリーズでは健康的な若者が描かれているが、実際には「湘南」ロケはほとんど行われていないものの、マリンスポーツを数多く扱っていることで、湘南＝若者イメージがさらに強固なものになっていく。

古都・鎌倉のイメージの定着

その後も数多くの小説で「湘南」は描かれる。立原正秋の作品群が、特に「鎌倉」の魅力をアピールしていく。戦後間もなくの１９５０（昭和25）年に鎌倉市大町に妻子と転居した立原は、一時の他の場所での住まいを除くと翌々年から１９５８（昭和33）年は『薪能』の舞台・二階堂ではなく材木座か小町に住んでいた。続いて１９６５（昭和40）年まで笛田、扇谷、笛田、腰越に4年住んだ。1年だけ藤沢市鵠沼海岸に住んだ後は、梶原に転居することになった。そこは鎌倉中央公園の梶原口に近い閑静な場所だった。したがって立原正秋の作品に鎌倉が舞台として選ばれるのはごく自然なことだった。

１９６４（昭和39）年の『薪能《たきぎのう》』は立原の代表作でもあるが、没落した壬生家で二人だけ生き残ったいとこ同士が、心の中で薪能の篝火《かがりび》を見つめて生きていき、たがいに孤独を感じながら、薪能の日に滅んでいくという話だが、主人公の昌子が夫の大学助教授、和泉公三の浮気によりいとこの俊太郎と越えてはいけない一線を越えていく。『薪能』はここでは「鎌倉薪能」（写真14）のことを指しているが、２００９（平成21）年の10月で第51回目になる。大塔宮・護良親王を祭った鎌倉宮の境内で篝火の中で幽玄な世界を見せてくれる。もちろん立原の『薪能』が認知度を上げるために大きく寄与したことは自明のことであろう。

恒例の鎌倉薪能が今年は九月二十二日に催される、と昌子が知ったのは、八月も末であった。その日の午後、昌子は買物に出た帰りに、若宮大路にある鎌倉彫りの源氏堂に寄った。

（『薪能』）

この作品は舞台の大半が鎌倉に設定されており、さまざまな鎌倉の街の表情が散見できる。昌子と公三は北鎌倉の山の内に居住しており、ちょうど小津安二郎の『麦秋』を彷彿とさせる。もちろん現在でも山の内は高級住宅地だが、大学教授や文化人が数多く居住することでも知られている。

和泉公三は、週に３日、毎朝七時に山の内の自宅をでる。あとの３日は講義が午後で、十一

写真14 鎌倉薪能(写真提供:鎌倉市観光協会)

時に家をでる。坂道をおり、横須賀線の線路沿いに北に三百メートルほど行くと、そこに北鎌倉の駅がある。

(『薪能』)

また1974(昭和49)年、『残りの雪』は立原の晩年の作品になるが、この作品でも細やかに鎌倉の街が描かれる。夫に失踪された里子が骨董の目利きで銀座の紙屋を経営する坂西との恋を中心に物語が展開する。途中には化粧坂や梶原なども登場し、鎌倉故に物語に奥行と広がりが付加されていくように思える。小説においては都市がひとつの演出装置になっていくことをこの作品は見事に証明している。

ただ前掲の『薪能』同様にこの作品

も現在からは随分前の鎌倉が舞台になっている。かれこれ立原の没後30年近い年月が流れているが、依然として彼のファンは鎌倉巡りを行っていることが、ウェブ上でも散見できる。

里子は北鎌倉を素通りし鎌倉駅で降りた。そして駅前の菓子屋により、そこに荷物を預け、菓子をひとおり求めて、江ノ電の駅のホームに入った。長谷駅をおりて左にまがり海岸のほうに歩くと、道はT字になり、左にゆくと海がひろがっている。右に折れると極楽寺坂の切通しである。

切通しの登りくちまでは三、四百メートルもあろうか。両側は商家や住宅で、静かなまちなみだった。登りくちの北側には虚空蔵堂があり、坂道をしばらく登って行くと、南側に成就院がある。そして登りつめたところで右に極楽寺に通じる道がある。臨済宗建長寺派の永明寺が、この坂道を登りつめるすこし手前で北の山をあがったところにあった。

（『残りの雪』）

彼の作品は映画やテレビドラマになることも多く、いわゆる日本の近代化の中での伝統的なものの象徴として「鎌倉」が位置付けられ、富裕層を中心とした「鎌倉」文化のイメージ定着に貢献したと見ることができる。これは必然的に「鎌倉文士」の流れの延長線上にあるものと解釈できよう。つまり若者の憧れの「場」としての「湘南」、大人の憧れの「場」としての「鎌倉」である。

『立原正秋小説事典』という書籍がある。1993（平成5）年に刊行されたものだ。立原が亡くなったのは1980（昭和55）年なので、没後のことになる。この書籍には作品解説、人物解説及び作品の舞台解説も記載されている。舞台解説では日本（東京、鎌倉・江ノ島周辺、全国）、海外（漢字文化圏、非漢字文化圏）と分けられており、特に鎌倉・江ノ島周辺が独立している点が目を引く。つまり彼の作品においては鎌倉・江ノ島周辺が強調されていることがわかる。東京とは違ってゆったりした時間が流れるその界隈は、古刹をはじめとして、未だ古くからの伝統的な日本文化が残っている。

友人だった作家、高井有一が立原の評伝を描いている。新潮社の紹介文を以下に挙げよう。

独自の美学に貫かれた華やかな作家活動の背後に、秘められた二重の生涯があった……。日韓の狭間に生きた五十四年間に、六つの名前を持ち、年譜さえも虚実とりまぜて自ら創作せざるを得なかった、孤独な苦闘の軌跡。生れながらの日本人以上に日本人になろうとした、人間・立原正秋の哀しいまでに必死な生と死を、克明かつ友愛をこめて照らしだした画期的評伝。第33回毎日芸術賞受賞。

（新潮社ウェブ）

また『ブリタニカ国際大百科事典　小項目事典』では立原のプロフィールを以下のように記載している。

立原正秋

［生］1926・1・6・大邱

［没］1980・8・12・鎌倉

小説家。本名は米本正秋であったが、死の直前に一家で立原に改姓。父母ともに日朝の混血で、父は李朝末期の貴族の末裔。6歳のときに父が死亡、1935年渡日し、37年母の再婚先の横須賀に移り、50年からは鎌倉に住む。44年京城帝国大学予科に入学するが病気のため帰国。45年早稲田大学専門学校法律学科に入学、作家を志して49年に中退。56年に処女作『セールスマン・津田順一』を発表。日韓2つの祖国をもつ人物を描いた『剣ヶ崎』（1965）が芥川賞候補作となる。『白い罌粟《けし》』（66）で直木賞を受賞。虚無や美を主題とし、鮮烈な叙情をたたえた作風で『冬の旅』（69）、『きぬた』（73）、日本の美をテーマとしたエッセイ『日本の庭』（77）、『立原正秋全集』24巻（82～84）などがある。

もちろん高井が指摘するようにこの経歴も正しいとは限らない。ただ言えることは日本の伝統美を鎌倉やその界隈に見出してという点は事実であろう。1950（昭和25）年に鎌倉・大町に転入、その後、市内各所に住み、1970（昭和45）年から没年まで梶原に住んだ。墓地も瑞泉寺にある。立原の作品は小説そのものと、それの映像化によって、新たに古都・鎌倉のイメージを一般化させることに寄与したといえる。それが新たに古都・鎌倉のイメージを一般化させていったと考えられる。もちろん風景のみならず着物や食事に至るまで、鎌倉とマッチングする小道具が散りばめられていたという印象が強い。立原は古都・鎌倉のイメージの再生産に大きく寄与したと捉えることができるだろう。

オートバイ、若者、「湘南」

片岡義男はどこか「湘南」のイメージが漂うと勝手に思っていたが、意外とその作品の中に「湘南」が具体的に登場することは少ない。1970年代から1980年代にかけて彼は時代の寵児であった。片岡義男としての最初の小説は、現代のアメリカを舞台にした連作集『ロンサム・カウボーイ』(1975年)だが、本格的な創作活動は角川書店から創刊された『野性時代』に寄稿するようになってからだ。創刊号(1974年)に掲載されたサーフィンを題材にした『白い波の荒野へ』は、第1回『野性時代』新人賞の候補となり、1975(昭和50)年8月号の『スローなブギにしてくれ』で第2回『野性時代』新人賞を受賞する。この作品は映画化もされ、以後オートバイやジャズを取り入れた軽妙なタッチの作風が若者の支持を得て、一大ブームを巻き起こし人気作家となる。

当時、おびただしい数の作品が文庫で出され、またそれが同時に映画化もされることでますます人気に拍車がかかっていった。この時期の代表作としては『人生は野菜スープ』『彼のオートバイ、彼女の島』(1977年)、『マーマレードの朝』(1979年)、『味噌汁は朝のブルース』(1980年)、『メイン・テーマ』(1983年)などの青春小説が多数あり、そのいずれもが大ヒットとなったのである。彼の作品にはアメリカ文化の香りが漂い、特に『彼のオートバイ、彼女の島』に代表されるように、オートバイが出てくるものが多い。ウェブサイト『NAVI ON THE WHEELS』によれば、オートバイが登場する作品だけでも100作品以上あるといい、他のテーマで書かれたものも含めると、数百ともいわれる。

「湘南」を描いた代表作は『ボビーに首ったけ』(写真15)、『ハートブレイクなんてへっちゃら』『ラハイナまできた理由』などがある。『ボビーに首ったけ』は鎌倉が舞台で、高校生の主人公がサーフショップでアルバイトをしたりしている。『ハートブレイクなんてへっちゃら』はやはり鎌倉・七里ヶ浜のバーが舞台、『ラハイナまできた理由』は基本的にはハワイが舞台なのだが、主人公が3歳まで鎌倉で育ったという設定になっている。

当然、彼の作品にはサーフィンもよく出てくる。ハワイや南カリフォルニアを扱ったものも多いが、例えば以下のように「湘南」が登場するものもある。1984(昭和59)年にリリースされたカセットブックシリーズ、『昨日のつづき/Between Yesterday and Tomorrow:南佳孝』に片岡は『16ミリで彼女を撮る』という短編を載せている。

波にゆられて、なぐさめられたのかしら、やがて泣きやんで、湘南の明りを沖から見てたの。

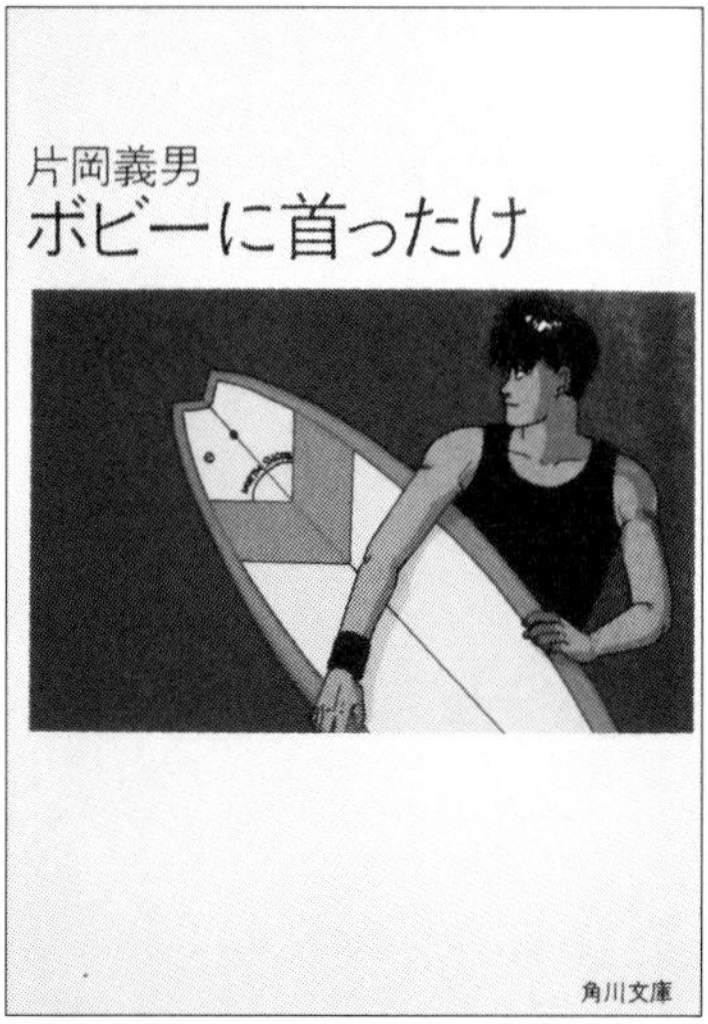

写真15 片岡義男『ボビーに首ったけ』

当時は、夜の二時にもなると、明りはすくなかったわ。沖から陸をながめるという、視点の変化によって、失恋の痛手が急速にやわらいだのは、とても面白かったわ。だから、この意味で、このときの海が、自分にもっとも近かったの。（『16ミリで彼女を撮る』）

冒頭に述べたように、彼の作品のイメージ的には「湘南」が数多く登場するような印象があるが、実際には意外と少ない。ただ先述した鈴木英人が『ON THE SUNNY STREET』『南カリフォルニア物語』で、装丁デザインを行っており、やはり「夏」「海」のイメージが醸し出される作品群であるといえるだろう。

ほぼ同時期に活躍した作家に喜多嶋隆がいる。代表作は『ポニー・テールはふり向かない』『CFギャング』『ブラディマリー』『湘南探偵物語』シリーズ等多数。葉山に在住し執筆活動を行っているようだ。『ポニー・テールはふり向かない』はテレビドラマ化され、話題を呼んだ。喜多嶋の作品は「湘南」が舞台のものが多い。例えば『湘南探偵物語』シリーズを見てみよう。『恋はフェニックス』（逗子、鎌倉山、由比ヶ浜）、『恋とは何か、君は知らない』（七里ヶ浜、稲村ヶ崎、葉山マリーナ）、『ヨコスカ・ガールに伝言』（七里ヶ浜、材木座）、『カモメだけが見ていた』（逗子、稲村ヶ崎、由比ヶ浜駐車場、七里ヶ浜）、『君は、僕の灯台だった』（材木座）、『サンセット・ビーチで会おう』（七里ヶ浜、由比ヶ浜）、『ロバートを忘れない』（鎌倉プリンスホテル、七里ヶ浜）、『ソルティ・ドッグが嘘をつく』（七里ヶ浜、一色海岸）、『ジュリエットが危ない』（由比ヶ浜、七里ヶ浜、葉山マリーナ）、『私が許さない』（材木座）、『ハンバーガーが死んでいく』（逗子、七里ヶ浜）となっている。

ほぼ鎌倉、逗子、葉山が網羅されていると捉えていいだろう。

１３４号線を東に走る。江の島を過ぎる。腰越を過ぎる。七里ヶ浜を過ぎる。稲村を過ぎる……。材木座海岸を過ぎても、パジェロは後ろにいた。

（『ヨコスカ・ガールに伝言 - 湘南探偵物語』喜多嶋隆著／１９９５年）

という具合に「湘南」の具体的地名が満載になっている。また『ポニー・テールはふり向かない』の文庫本の装丁デザインは鈴木英人、まさに「湘南」色の強いものになっている。

同時代に活躍した「湘南」をイメージさせる二人の作家だが、片岡は「湘南」へのこだわりがそれほど濃くはなく、また喜多嶋はどちらかというとエンタテインメント色が強い作品が多いように思える。しかし彼らが何らかの形で「湘南」イメージの形成に寄与したことは否定できないであろう。

「湘南」と恋愛

もちろんこれまで紹介してきた作品の大半が恋愛を題材にしたものだが、「湘南」に恋愛は外せないキーワードだ。例えばフジテレビのリアリティバラエティ番組『テラスハウス』は初対面の男女６人のシェアハウス生活を題材にしたものだが、若者に根強い人気があることで知られている。同じくヒットした『あいのり』の後継的な番組だが、２０１２（平成24）年に放送が開始された。第1弾『TERRACE HOUSE BOYS × GIRLS NEXT DOOR』は「湘南」が舞台であった。その後、舞台はハワイ、軽井沢へと続き、フジテレビ・オンデマンドとネットフリックスで配信されている。

しかしこのような番組も恋愛に似合うロケーションとしての「湘南」を強調することに寄与しているはずだ。文学作品のみならず、音楽や後述する映画、マンガ、アニメなどでも「湘南」は恋愛の「場」になっている。江ノ島には恋人たちの南京錠で有名な「恋人の丘・龍恋の鐘」があるし、格好のデートスポットも多い。

石田衣良は『池袋ウエストゲートパーク』で有名だが、『4TEEN フォーティーン』で直木賞、

写真16　披露山庭園住宅から見る富士山（『平和がいちばん』https://heiwaga-ichiban.jpより）

そして『眠れぬ真珠』（2006年）で島清恋愛文学賞も受賞している。『眠れぬ真珠』はマンガ化もされ、配信ドラマ化、テレビドラマ化もなされている。物語は更年期障害に悩みながら、不倫を続けている45歳の銅版画家の女性が、17歳年下の映像クリエーターの青年と出会って恋に落ちるというものだ。舞台は葉山、それも披露山庭園住宅である。

咲世子の父が残してくれたのは、逗子湾を望む高台にあるちいさな別荘だった。披露山庭園住宅というと、日本有数の電器メーカーの会長や人気俳優の家があって、高級住宅地のようにいわれることがあった。

（『眠れぬ真珠』）

披露山《ひろやま》庭園住宅（写真16）は小坪山にある小坪マリーナと逗子マリーナが見下ろせ、湘南海岸、相模湾、江ノ島、富士山のコントラストが絶妙のため、「湘南」でもステータスシンボル的な存在である。また芸能人などの富裕層が住むことでも知られている。1968（昭和43）年に住友建設がTBS不動産の企画開発により造成、バブル期には日本のビバリーヒルズとも呼ばれた。侵入者を排除する塀もなく、国内の高級住宅地の中では珍しい形態を取っている。販売当初は一区画1000平方メートル、建ぺい率20％、高さ8メートルの建築協定付きであったが、その後、面積については緩和されつつある。地区内は共同アンテナ電線類地中化、共同浄化槽を持ち、造成地の表面は芝生で覆われ、一部道路には植栽帯があり、まるで広大な庭園の中に邸宅が散在しているといった印象を与えている。なお披露山庭園住宅の名称のもとになる披露山の由来は、源頼朝がこの山で御家人たちを集めて、手柄者や、全国から献上された貢ぎ物を披露したことからこの山の名が付いたとの一説がある。

逗子湾のゆるやかな半円を駆けて、車は葉山に入った。諏訪神社と森戸海岸をすぎて、交通量のほとんどない西海岸通りを南下していく。葉山公園の交差点で海に向かって右折すると、目的地が闇の中に浮かんでいた。夜空を背に青いネオンサインがにじんだ光を投げている。

LIQUID CAFÉ。駐車場の水たまりには濡れたネオンが対称形に落ちていた。　（同書）

作品には葉山や逗子の風景も充分に描かれている。『眠れぬ真珠』は恋愛小説だが、そこに「湘南」の風景が適切に埋め込まれているといっても過言ではないだろう。恋愛にロケーションはつきものだ。ゆえに「湘南」は膨大な恋愛にまつわるコンテンツ作品を生み続けているのだろう。

甘糟りり子は元マガジンハウスの副社長だった甘糟章の娘、父が鎌倉に居を定めたことから、彼女も現在に至るまで鎌倉に住んでいる。彼女をどう表現すればいいのだろうか。「都市に生きる男女と彼らを取り巻くファッションやレストラン、クルマなどの先端文化をリアルに写した小説やコラムで活躍中」（ウェブサイト『DRESS』）という紹介文もあるが、果たして的確に表現できているかというと若干の疑問も残る。文字数制限の中では致し方のないことなのだろうが、もっと彼女の守備範囲は広く、かつそれほど浮わついたものではないように思える。

さて甘糟の『モーテル０４６７　鎌倉物語』は２００６（平成18）年刊行、モーテル０４６７、本当の名前は七里ヶ浜ホテルだが、主人公の祐介が父の跡を継いで、このホテルの支配人になった頃には、古い洋館の看板は剥げ落ちて、残された文字はHOTELと電話番号だけだった。しかもHはMと見分けがつかなかった。現在ではモーテル０４６７と呼ばれている。物語は祐介と同級生の洋子、姉の七里をはじめとした地元に住む個性の強い人々を生き生きと描いたものだ。もちろんそこには「湘南」の四季折々の風景が背景として登場する。


雨がますます強くなった。洋子を由比ヶ浜通りで落としてから、祐介はおそるおそる海岸線に出てみる。雨の日の海を見たかった。一人なら渋滞でも、気まずくなることはない。雨のせいか、海岸線もすいすいと流れていた。そのまま海岸線を走った。

空は少し濁っていて、海は深く深く緑色で、砂浜は灰汁をぶちまけたような色をしていた。海はところどころ白い傷口のように、波が割れている。その傷口に数人のサーファーが群がっている。時折、嘘っぽい色彩のボードが傷口からはじき出される。

（『モーテル０４６７　鎌倉物語』）


カーステレオもエアコンもなくて、助手席にはラジカセが放り出されてある。ところがこれさえも壊れていて、車の中はスクラップ工場のような雰囲気だった。祐介は壊れたままのラジカセを足元に転がして、助手席に座った。海岸線を、稲村ヶ崎から七里ヶ浜、鎌倉高校前と、江ノ電の線路と並んで走っていく。鎌倉高校前を過ぎると、線路は海岸線を離れて内陸のほうに伸びていく。

江の島のあたりから、急に景色が下世話になる。ファミリーレストランやコンビニエンスストアの数が急に増えるだけでなく、江の島を境にラブホテルが乱立し始める。鎌倉には、ラブホテルもディスコもキャバレーもまったくといっていいほど見当たらない。特別な条例があるわけではないのだが、自治体が厳しいのだ。
（同書）

まさに「湘南」の風景が満載である。細かい描写も在住者ならではの視点から来ているのだろう。上記の文章の前半に登場するのは、普遍的な「湘南」であり、後半では「湘南」の中でも特殊な位置にある鎌倉だ。確かに鎌倉は歴史まちづくり法に基づく「鎌倉市歴史的風致維持向上計画」に基いての計画を実施している。ただし現実的には大船地区は幾分緩和されており、ここで指摘する鎌倉は一般的な鎌倉のイメージの範囲である。鎌倉には「湘南」が持つ普遍的なイメージに、歴史というイメージが付加されていることから、鎌倉在住の人々の中には「湘南」とひと括りにされることに抵抗感を持つ人々も少なくはないのである。

佐藤多佳子の『黄色い目の魚』も「湘南」が舞台になっている。七里ヶ浜高校も舞台のひとつとして登場し、葉山から大磯にかけての「湘南」一帯が作品の中に描かれている。同じ高校に通う少女と少年が主人公の青春物語で、いろいろな経験の中で成長していくといった物語だ。

世界で一番好きな場所は、通ちゃんのアトリエだった。大磯の駅から少し海寄りに歩いた小さなマンションの三階。２ＤＫの南向きの広いほうの部屋を通ちゃんはアトリエにしている。

窓からケチくさい海が見えた。なんでケチくさいかと言うと、帯のように薄くちょっぴりしか見えないからで、青というよりだいたい灰色に近い。その青灰色を双眼鏡でのぞくと、大磯駅に出入りする白い釣り船がちらほら、黒い点のようなサーファーがばらばら。

（『黄色い目の魚』佐藤多佳子著／2005年）

森戸海岸の浜まで降りていった。海からの風が強かった。季節外れの海水浴場はがらんとしていて、どこかピントがずれているような感じがした。大学生っぽいカップル、二人連れのオバサン、犬を連れた男の子。

（同書）

江ノ電が腰越を出て左にカーブを曲がったとたん、相模湾が車窓いっぱいに広がる。胸がすくほどデカい景色だ。ここが七里ヶ浜だ。よく晴れていて、サーファーの姿も見える。（同書）

以上、幾つか「湘南」の描写を挙げてみたが、実際にはもっと数多くの風景が盛り込まれている。また後述することになるが、「湘南」を舞台にしたマンガやアニメでも『黄色い目をした魚』のように高校生が主人公のものが多い。ときに恋愛を織り込みながら、青春を描くというのがひとつの定番になっているように思う。つまり感性豊かな、みずみずしさの残る世代を描くことに「湘南」は最適な舞台装置なのかもしれない。

村上春樹と「湘南」

意外と村上春樹と「湘南」の関係を論じたものは少ない。しかし彼は鵠沼や大磯に住んでいたという事実もある。一連の『村上朝日堂』シリーズにはそれを裏付けるコメントも幾つか登場している。例えば1998（平成10）年の『村上朝日堂 夢のサーフシティー』の中に「こんにちは。ロングボードはいつも悩みのたねになりますね。僕は藤沢に住んでいるころは、自転車でしこしこと運んでいましたが、風が吹くとふらふら揺れて怖かったです。どうしようもなくて、人にゆずっちゃったけど」とか2001（平成13）年の『村上朝日堂 スメルジャコフ対織田信長家臣団』のホームページの中で、「こんにちは。僕は大磯に越してきてもう13年くらいになります。その頃に比べると、本当に環境が変わってしまいました。家も増えたし、車も増えました。緑も減ってしまいました。もっとも僕も、古い大きな屋敷のあとが分割されたところに家を建てましたので、そういう文句は偉そうに言えないのですが」とかだ。

また前掲の『村上朝日堂 夢のサーフシティー』では、「屋根のないアルファロメオに「湘南」ナンバーをつけていると、気分は夏です。（中略）茅ヶ崎から葉山というのは、たしかに「加山雄三」的湘南の正統的な定義でしょう。平塚も、一部は湘南に入れていいような気がします。大磯は、僕の感覚からすると、べつに湘南じゃなくてもいいですね。どっちかというと、小田原の文化圏に近いですから。僕は一時期、藤沢の鵠沼に住んでいましたが、夏はむちゃくちゃ車が混むし、なんか住みにくかったです。大磯のほうがのんびりしていて（ラブホテルもパチンコ屋もない）、僕は好きです」と書いている。

ウェブ上の噂レベルではまだ大磯に時折、現れるとかの記事も見つかったりする。実際、前掲した文章以外にも例えば「『スプートニクの恋人』はハワイのカウアイ島で書き、新しい作品『海辺のカフカ』は前半部をカウアイ島、後半部を日本（大磯という小さな海辺の町）で書きました」（『ペーパースカイ』No.10／2004年）という本人の記述もあり、「湘南」と深い関係にあったことが伺われる。

『海辺のカフカ』の公式ホームページをまとめた『少年カフカ』（2003年）には、以下の記述も見える。

僕は藤沢に住んでいるときは、よく南口の「久昇」に飲みに行ってましたよ。食べ物もおいしいですね。それから働いている人がみんな、老齢の領域にかなり足を踏み入れておられるご婦人ばかりで、楽しかったです。僕が通っていたのは15年くらい前のことなので、あのご婦人方は今ではさらにいっそう高齢の度合をアップされたのではないかと推測します。そのうちにまた行ってみたいです。

「久昇」は1946（昭和21）年開業の藤沢を代表する老舗居酒屋だ。村上が通ったのは鵠沼の時代だったのだろうか。名物の親子丼が有名な店だったが、残念ながら2017（平成29）年10月末で地元の人々に惜しまれながら閉店した。また江ノ島にある「ホノルル食堂」に関しては以下のような記述がある。

こんにちは。9月10日まで休むホノルル食堂はとても優雅ですね。海辺のホノルル食堂の「お刺身ご飯」は安くておいしいので、お勧めです。昼間からのんびりとビールも飲めます。グラスにはほんのりと魚の匂いもついています。なかなかハングルーズでいいところですよ。サーファーがここでよく昼御飯を食べています。家が遠くなったので、残念ながら最近は行っておりませんが。

なお都築響一、吉本由美との共著になる『東京するめクラブ　地球のはぐれ方』（2004年）にも、このホノルル食堂は紹介されている。

エッセイには「湘南」の話が満載だが、小説では意外に少ない。例えば1988年（昭和63）年の『ダンス・ダンス・ダンス』に辻堂（写真17）が出てくるが、稀な例である。この作品は1982（昭和57）年の『羊を巡る冒険』の続編といえるものだが、主な舞台は東京と北海道であり、出てきたのもほんの僅かである。

写真17　辻堂海岸

町中を抜けて辻堂の海にでると、僕は松林のわきの駐車スペースの白い線の中に車を停めた。車の姿は殆どなかった。少し歩こうと僕はユキに言った。気持ちの良い四月の午後だった。風らしい風もなく、波も穏やかだった。まるで沖の方で誰かがシーツをそっと揺すっているみたいに小さく波が寄せ、そして引いていった。静かで規則正しい波だった。サーファーはあきらめて陸に上がり、ウェットスーツを着たまま砂浜に座って煙草をふかしていた。（『ダンス・ダンス・ダンス』）

さまざまな物語の舞台としての「湘南」

さて伊集院静『なぎさホテル』を見てみよう。

私がこのホテルで過ごしたのは、1978年冬から1984年の7年余りだった。Ｉ支配人は海のものとも山のものともわからぬ飲んだくれの青二才をいつも温かい目で見守ってくれた。

私はこのホテルで最初の小説『皐月』を書いて某小説誌の新人賞に応募した。勿論、落選した。その小説がひょんなことで雑誌に掲載され、Ｉ支配人が読んで、私はこういう小説が好きです。一人でも愛読者がいるのだからあわてず頑張りなさい。ゆっくりやっていけばいいのです、と言われた。その言葉がなかったら、おそらく私は今作家として生きてはいないだろう。

（『なぎさホテル』／2006年）

タイトルにある『なぎさホテル』の正式名称は、逗子なぎさホテルという。残念ながら現存はしていない。跡地はファミリーレストランになっており、面影は全く残ってはいない。このホテルは1926（大正15）年創業、1989（平成元）年に閉館した。丸ノ内ホテルや第一ホテル東京に関わった子爵、岩下家一によって創られた逗子海岸に面したクラシックホテルのひとつであった。

伊集院が逗子なぎさホテルに居住していたのは、まさに経営末期の頃だったと思われる。彼はのちに振り返り、逗子なぎさホテルでの時間があったからこそ作家への道が切り開かれたと述べる。創作にとって環境は大事な要素だ。作家が「湘南」をはじめとして、軽井沢や北海道などに住むのはその自然環境に魅力があるからなのだろう。「湘南」の自然環境はもちろん眼前に広大な海が広がっている点にあるに違いない。

ちょうど逗子海岸には『太陽の季節』のモニュメント（写真18）が建立されており、また『不如帰』碑も近くの海に建てられている。つまり環境がコンテンツ作品を創ったという解釈もできる。魅力的な環境は数多くのコンテンツを創り得るという側面に注目すれば、逗子海岸のみならず、それよりさらに広範囲の「湘南」もそのような環境と捉えてもいいのかもしれない。そして魅力的な環境は、人々をも惹きつける。それは観光であり、または定住という行為に結び付く。

ウェブ上で在りし日の逗子なぎさホテル（写真19）のパンフレットを確認する。確かにクラシックな佇まいに彩られたホテルであることがわかる。従業員や関係者の方も記憶を大事にしていることが伺われる。つまり地域のシビックプライドを反映させたシンボル的な存在であったのであろう。

写真18　太陽の季節記念碑

殺風景だった部屋にも生活の匂いがするようになっていた。

その頃、長く交際が続いていたM子との間で、そろそろ一緒にならないか、という話題がぽつぽつと出はじめていた。（同書）

そして伊集院は長きにわたって世話になったホテルを後にするのである。逗子なぎさホテルは紛れもなく、一人の作家を育んだホテルだったのだ。筆者はこれまでカフェやバー、ライブハウス、劇場など、人と人が互いに意見を交わし合ったり、有意な情報を交換できる場を文化的装置として捉えてきたが、このホテルもそういう文化的装置であったのだろう。そしてそれが逗子海岸、そして「湘南」にあったことも記憶に留めておきたいと考える。
『ビブリア古書堂の事件手帖』は2011（平成23）年に『ビブリア古書堂の事件手帖～栞子さんと奇妙な客人たち～』が刊行され、その後2018（平成30）年の『ビブリア古書堂の事件手帖8～扉子と不思議な客人たち～』まで続いているベストセラー小説だ。作者は三上延である。マンガ化、アニメ化、映画化、テレビドラマ化もされていて、多くのファンを獲得した。

古書に関しては並外れた知識を持つが、極度の人見知りである古書店主、篠川栞子が、客から持ち込まれた古書にまつわる謎を解いていくというビブリオミステリーである。作中に登場する古書は実在のもので、それらの書籍の売り上げが上がったり、絶版になっていた書籍が復刻されるなどの現象が注目された。

ビブリア書店はJR北鎌倉駅の近くにあるという設定で物語が進んでいく。地名は実在するが、この書店や登場人物については架空であるとのことだ。鎌倉のモダンなイメージを支えているのは、「知」という要素である。ビブリア書店は、古い木造の建物で、数十年前から営業している老舗である。取り扱っている書籍は人文科学系が中心だが、マンガや文庫本も揃えている。もちろんネット通販にも積極的だ。店のカウンターの奥は母屋に続いている。

作者の三上延が実際に県立大船高校の出身ということで、主人公の五浦大輔の出身校であり、篠川文香、小菅奈緒も通っていると推測できる。もう一人の主人公は北鎌倉の古本屋「ビブリア古書堂」の女店主、篠川栞子である。五浦がレーズンサンドを買ったのは、移転前の鎌倉小川軒の大船店、栞子が入院していたのは大船中央病院、ビブリア古書堂が、太宰治「晩年」を展示した文学館は鎌倉文学館であろう。

マンガ化、アニメ化、映画化、テレビドラマ化においても北鎌倉を中心に鎌倉周辺の風景が盛り込まれている。さすが「知」の似合う鎌倉である。文学作品が鎌倉を舞台にするものが多いのも頷ける。「湘南」の範囲の中にあるが、しかし異彩を放っているのが鎌倉という位置付けに疑問を挟む余地はないだろう。『ビブリア古書堂の事件手帖』はエンターテインメント色が強い作品ではあるが、古都・鎌倉の、またある側面を見事に描いている作品でもある。

若者の活字離れや出版不況が囁かれて久しいが、横浜を舞台にしたマンガ、アニメ『文豪ストレイドッグス』同様、新たなアプローチからの日本文学のファンを開拓することに貢献しているのではないだろうか。そして鎌倉と文学作品の関係がイメージ化することは、ひいては

写真19　逗子なぎさホテル（『我が青春のなぎさホテル』http://www.nn.em-net.ne.jp/~sz_tomo/nagisa/nhotel.htmより）

「湘南」と文学作品の関係にも拡張していくに違いない。

2008(平成20)年に刊行された桜庭一樹『荒野』はまさに主人公の荒野の成長物語だが、彼女は北鎌倉に住んでいて、挙句、父親が作家という設定である。『荒野』の前作である『私の男』が直木賞を受賞、のちに映画化もされ、これが彼女の代表作のひとつになった。


背後でぷしゅううぅぅぅっ……とドアが閉まった。

ＪＲ横須賀線。

朝の七時四十二分。

北鎌倉駅。

山之内荒野は電車に飛び込むと、ほっと息をついて、しばしたたずんだ。四月五日。今日から荒野は中学生。というか入学式の朝だ。

(『荒野』)


これが作品の冒頭だ。彼女は鎌倉市内の中高一貫校に通うという設定で、前述したように小説家で女癖が穏やかではない父、正慶と家政婦と北鎌倉で暮らしている。ある日、電車の中で神無月悠也に一目ぼれする。彼は彼女を避けていたが、やがて母親と一緒に彼女の家を訪ねてくる。そこで父が悠也の母と結婚するということを知らされるというふうに物語は展開していく。

微笑んで、正門をくぐり、学校の外へ。

紅葉はそろそろ落ち葉になって舞い落ちて、鎌倉の町並みは冬に近づいていた。まっすぐ鎌倉駅に向かわずに、荒野は小町通りを一人で散策してみることにした。（同書）

鶴岡八幡宮の手前で、悠也とはぐれた。

人に押されて、あっ、帯がつぶれちゃう、と背中を気にした。それからふと顔を挙げたら少年はもういなかった。（同書）

この作品には鎌倉の情景がふんだんに盛り込まれている。東京とは違って、そこには落ち着いた時間が流れている。鎌倉はもとより「湘南」の魅力のひとつにその点が挙げられるかもしれない。東京はあくせくと時間が流れていて、ときに立ち止まることさえも許されない雰囲気がある。それが東京の活気を生んでいるのだが、人として至福に満ちた生活を送れるのは穏やかな時間が流れる場所であるという考え方もある。

作家が鎌倉に住む理由には、先述したように自然環境もあるが、隠し味的にいうと時間の流れなのかもしれない。何かに追われることのない穏やかな時間の流れが創作意欲に結び付く向きもあるに違いない。昨今、ローカルに移住する作家も増えていると聞く。それはもちろん上記の理由に他ならない。明治時代から作家を惹きつけてきた鎌倉、その存在は「湘南」に奥行

き と広がりを与えていると考えられる。「湘南」がどの世代や階層にも馴染むのはそういう理由からなのだろう。つまり「湘南」の持つ多面性である。

『青の炎』は貴志祐介の１９９９（平成11）年の作品だ。いわゆるミステリーの範疇にある作品といってもいいだろう。高校生が完全犯罪を計画し、実行するという筋立てだ。主人公は「湘南」に住む櫛森秀一、安穏とした日々の中で、突然、10年前に母と離婚した養父の曾根が現れる。曾根の横暴ぶりに堪えかねて、秀一は法的手段に打って出るが、社会はまともには受け取ってはくれなかった。母や妹にまで毒牙を剥く曾根に対して、秀一は抹殺することを目的にした完全犯罪を考え出す。

秀一の通う高校は作品中では由比ヶ浜高校となっているが、実際には存在しない。彼の家は鵠沼にあって、そこから自転車で由比ヶ浜に通っている。

薄曇りの空には、数多くの鳶やカラスが、乱舞していた。向かい風が頬に冷たい。まだ朝の八時台と会って、１３４号線を通る車も、さほど多くなかった。

櫛森秀一は、軽快なピッチで、ロードレーサーのペダルを漕いでいた。

相模湾は、今日も穏やかだった。いくつもの波が、段になって打ち寄せてくる。海岸に近づくにつれて、波頭が白く泡立って見えた。

（『青の炎』）

物語の舞台の高校は紛れもなく鎌倉にあるのだが、物語は鎌倉と藤沢にまたがって展開する。それゆえに古都・鎌倉のイメージはこの作品には強く打ち出されてはいない。いわゆる「湘南」イメージに近い舞台設定だ。もちろん江ノ島も登場する。完全犯罪を達成するために彼は自転車を活用する。

前方にある横断歩道の信号は青だったので、ブレーキはかけずに、そのまま、速度が出るにまかせた。

突然、視界が開けると、左前方に江の島が見えた。その向こうには、うっすらとだが、富士山のシルエットが聳えている。(同書)

この作品は2003(平成15)年に二宮和也の主演で映画化された。監督は蜷川幸雄、現在ではその演技力が高く評価されている二宮だが、その片鱗を若き日のこの作品でも窺い知ることができる。結果的には嵐ファン、二宮ファンの間でロケ地巡りも活発化していった。鎌倉学園高校、江ノ電・鎌倉高校前、釈迦切通など鎌倉から藤沢にかけての風景が満載である。現在はクロスメディアの時代になっており、コンテンツ作品が幾つかのメディアに渡って表現されることが一般的であり、文学作品単体での訴求は稀である。

つまりメディアを縦横に駆使することによって、イメージ伝達が幅広く拡散していく。もちろんマスメディアのみならず、ソーシャルメディアの昨今の影響力も無視はできない。小説の、映画、テレビドラマ、アニメなどへの映像化がベーシックなものだろう。小説が単体で訴求力を持ち得る時代は過ぎ、多メディア化することによって、「湘南」のイメージが伝達していく時代になっているのだろう。今後は更なるメディア環境の変化によって地域イメージが形成されていくに違いない。

第4章

「湘南」の映像

松竹大船撮影所

「湘南」と映像の関係において、1936（昭和11）年に松竹映画の撮影所が東京の蒲田から鎌倉の大船に移転したことが大きい。2000（平成12）年に完全閉鎖されるまで、現代劇を中心に撮影を行っていた。ここで撮影された作品には、小津安二郎監督のさまざまな作品や、山田洋次監督の『男はつらいよ』シリーズなどがある。木下恵介、大島渚監督なども松竹時代に、この撮影所を使用していた。この移転に伴い、大船周辺に映画関係者、俳優が転居、街のイメージアップに大きく貢献したといわれている。

その頃は大船撮影所前の食堂といえば、松尾食堂、月ヶ瀬、ミカサが代表的なものだった。ミカサは松竹の幹部が利用した高級洋食店、松尾食堂と月ヶ瀬は和食の店で主に監督が利用した。月ヶ瀬は小津安二郎、松尾食堂は木下恵介、渋谷実などが日参していたという。川島雄三が一時期、居候をしていたのも松尾食堂だ。ただし小津も最初は松尾食堂に通っていたらしい。月ヶ瀬の娘、中井益子は佐田啓二の妻になる。中井貴一の母である。益子と佐田の結婚式の仲人は独身だった小津と木下だった。この辺りの顛末は山本若菜の『松竹大船撮影所前松尾食堂』（1986年）に詳しいが、とにかく大船撮影所界隈は映画人の日常の生活空間であったことがわかる。

まさに現在でいう創造都市、そのものだ。さまざまなクリエイターによって、膨大な作品が制作され、中には「湘南」でロケしたものもあり、小説と違った形で「湘南」イメージが広範囲に伝達されていく。大船駅は１８８８（明治21）年の開業、１８８９（明治22）年には横須賀線が横須賀駅まで開通し、大船駅は分岐駅になる。つまり交通の利便性も早晩に持ち得ていた点が撮影所の立地にも繋がっていく。スタッフなども東京から鉄道を利用して大船まで通っていたものも多かった。

森田郷平・大嶺俊順共著『思ひ出55話　松竹大船撮影所』（２００４年）によれば田中絹代、高峰三枝子などの女優も鎌倉に在住していたとのこと、まさに「夢工場」がここに作られたということだ。経緯は同書によれば「昭和初期の大船。松竹はいくつかの候補地の中から１９３４（昭和９）年、大船駅東側の土地７万坪を購入し、２万坪を大船町から街の発展のためにと寄贈を受けました。そのうちの３万坪を新撮影所用地にして、残りの６万坪を宅地として「松竹映画都市（株）」より売りに出しました」と記載されており、明らかに松竹は撮影所単体ではなく、郊外都市の形成を目論んでいたことがわかる。

昭和初期といえばすでに田園都市構想が浸透しており、20世紀初頭のイギリス・レッチワースで実施されたＥ・ハワードの田園都市をモデルにして、日本でも小林一三の阪急沿線、渋沢栄一などの洗足田園都市、大阪住宅経営による千里山住宅地などが開発されていった。ただ大船は当初、１９２３（大正13）年に創設された当時の大富豪、渡辺家によって主導された「大

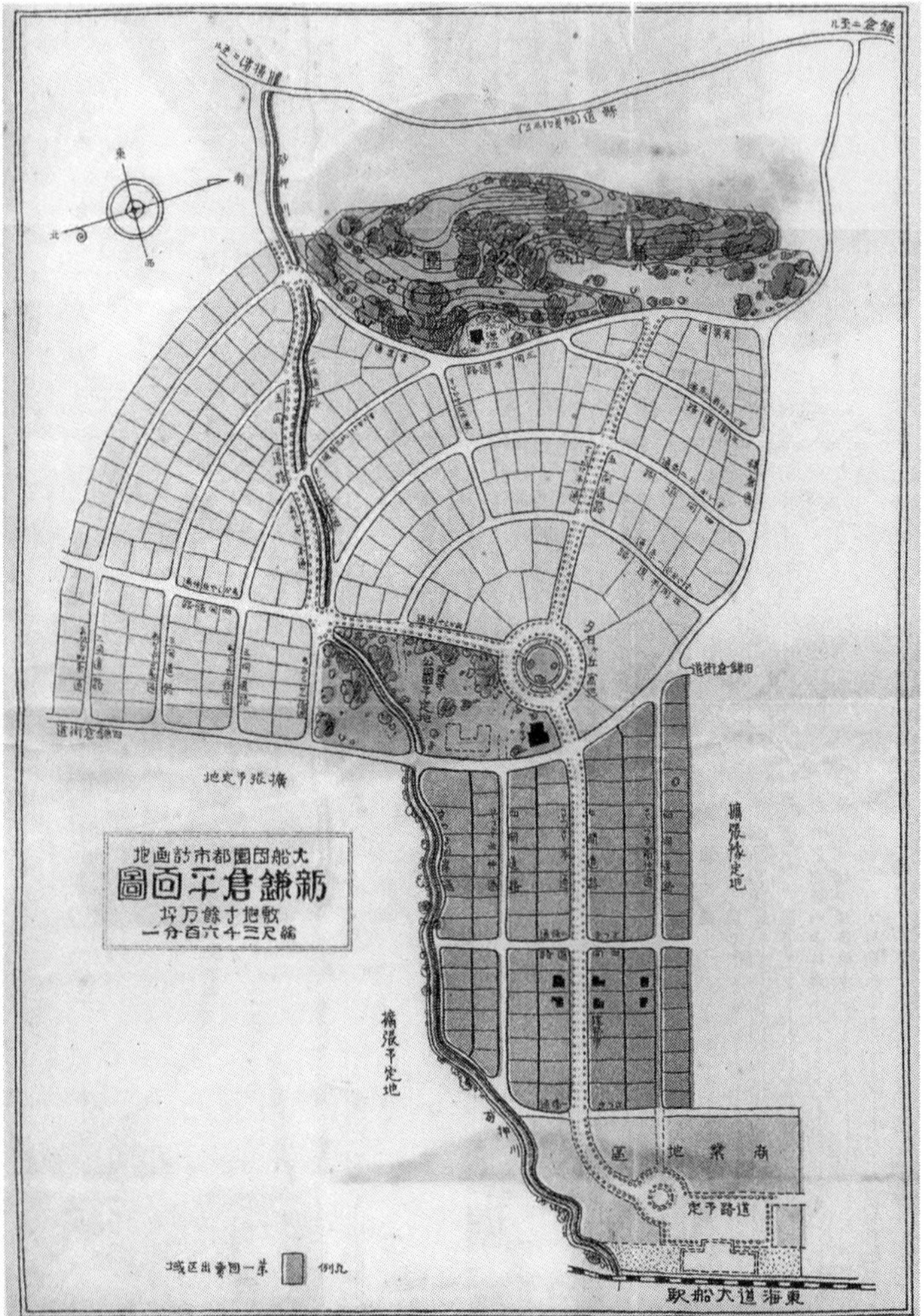

図7　大船田園都市（神奈川県立図書館所蔵）

船田園都市（株）」によって、田園都市を意識した形で開発が始められた（図7）。渡辺家は昭和大恐慌のときに破綻した渡辺銀行を経営していた。丸の内の払い下げのときに岩崎家と争ったともいわれている。

その設立趣意書には、①交通が便利 ②気候が温暖で空気が澄んでいる ③飲用水が良好 ④排水工事などが容易 ⑤別荘地ではなく人の気質が素朴で物価が安い ⑥海にも山にも近く行楽に便利 ⑦土地が安い（出版年不明／大船田園都市株式会社創立事務所）と記されているが、「新鎌倉」と呼称されたこの計画都市はなかなか軌道にはのらなかった。しかし「湘南」イメージを形成する要因はここにも幾つか盛り込まれている。温暖な気候、風光明媚である。

その事業を引き継ぐ形で「松竹映画都市（株）」が設立されるのだが、ただそれはいわゆる郊外に広がる田園都市の開発ではなく、松竹は大船を「東洋のハリウッド」にしたかったようだ。しかしこちらの方も構想通りには推移せず、第二次世界大戦を乗り切ったものの、昭和50年代には撮影所を一部縮小、松竹による商業施設「松竹大船ショッピングセンター」が竣工、1974（昭和49）年には鎌倉三越、イトーヨーカドーが開店したが、三越が2009（平成21）年に撤退している。また1995（平成7）年には敷地内にテーマパーク「鎌倉シネワールド」を開設するが、業績不振のために僅か3年で閉鎖した。

もちろん背景には映画不況ということがあったかと思われるが、それでも「湘南」のイメージ形成に松竹大船撮影所の果たした役割は小さなものではなかった。

小津安二郎『麦秋』『晩春』の鎌倉

小津安二郎は日本を代表する映画監督の一人だ。1903（明治36）年、東京・深川に生まれ、三重県で中学卒業後、尋常高等小学校の代用教員を経て、1923（大正12）年に松竹に入社、1927（昭和2）年、監督に昇進、初監督作『懺悔の刃』という時代劇を撮った。戦前の代表作に『大学は出たけれど』『大人の見る絵本　生れてはみたけれど』『非常線の女』『一人息子』『戸田家の兄弟』などがあるが、1937（昭和12）年から1939（昭和14）年に渡って、徴兵され、中国戦線を転戦した。

復員後、小津は母が疎開していた千葉県野田市に借家を借りて暮らす。しかし1947（昭和22）年に会社の度重なる催促に答えて、戦後第1作になる『長屋紳士録』を撮る。戦後も一貫して市井の家庭を題材に、『晩春』『麦秋』『東京物語』『早春』『秋刀魚の味』などの作品を発表、1959（昭和34）年には日本映画界最初の日本芸術院賞を受け、1962（昭和37）年に同院会員になる。1963（昭和38）年に没した。

戦後、小津は一時期、大船撮影所の中にあった監督室に住んでいたが、撮影所が火事になった際、焼け出され新居に移ることになった。しかし小津は脚本執筆等では茅ヶ崎館を利用しており、一般的には秋から春にかけて滞在するのが常であった。茅ヶ崎館を小津が最初に訪れたのは、1937（昭和12）年、以来、ここで数多くの小津作品の構想が練られ、脚本が書かれた。茅ヶ崎館は1899（明治32）年に茅ヶ崎の中海岸にて海浜旅館として創業した。国の登録文化財にもなっている旅館で、もちろん現在でも営業を行っている。

1952（昭和27）年、彼は母とともに北鎌倉に移り住み、ここが終焉の地となった。北鎌倉の山ノ内にある浄智寺の近くである。この界隈は鎌倉らしい素晴らしい邸宅が立ち並んでいるところだ。他の地域の高級住宅街と比べても格段に落ち着きがある。鎌倉の富裕層イメージを形成することに影響を与えている地域ともいえよう。鎌倉の高級住宅地としては、鎌倉山が有名だ。この住宅地は昭和初期に郊外型の高級住宅地として開発され、日本で初めての自動車専用道路で大船駅に結ばれた。自然の山並みを変えずに、緑の中に住宅が点在する住宅地である。

しかし現在、旧鎌倉と呼ばれる地域にはそれ以前から武士によって開発されたところも多く、大町、小町、雪ノ下、二階堂、西御門、扇ヶ谷、そして山ノ内などである。いわゆる字《あざ》である。字とは江戸時代の地名の名残で、現在は字プラス丁目などになっている場合が多い。山ノ内はやがて上杉謙信に連なる山内上杉氏が鎌倉時代からこの地域を領したとされる。

小津の残した日記には以下の記述がある。

2月27日（水）

朝めしをぬいて野田氏と北鎌倉の家を見にゆく　母　有記子　森くる　家主　津島くる
小倉遊亀さんも来られる　とにかく買ふことにして手金を入れる。

（『全日記　小津安二郎』／1993年）

小倉遊亀は隣人の女流日本画家、小津邸に行くのには洞窟のようなトンネルを抜けていく必要があったそうだ。切通しの多い鎌倉ならではのロケーションだ。さて作品を見ていくと『晩春』（1949年）では、北鎌倉駅、円覚寺、鎌倉駅、扇ヶ谷トンネル、鵠沼海岸、鶴岡八幡宮、『麦秋』（1951年／写真20）では、由比ヶ浜、北鎌倉駅、大仏、稲村ヶ崎、雪ノ下1丁目路地、扇ヶ谷などをロケ地としている。

もちろん数多い小津作品は東京、京都、尾道、箱根などにも足を延ばしているが、『晩春』『麦秋』の代表作二作は鎌倉をロケ地に使っている。もちろん小津も土地勘のある場所であり、かつ松竹の大船撮影所も近かった。なお、小津作品に不可欠な女優といわれた原節子も鎌倉に居住していた。

写真20　『麦秋』

その他の作品を見ると、『戸田家の兄弟』（1941年）では鵠沼、『父ありき』（1942年）では茅ヶ崎海岸、鎌倉、『お茶漬けの味』（1952年）では大磯、『早春』（1956年）でも茅ヶ崎ロケを行っている。

しかし当時、小津安二郎のライバル的存在だった木下恵介は代表作『喜びも悲しみも幾年月』『二十四の瞳』『カルメン、故郷に帰る』『野菊の如き君なりき』などでは地方ロケを行っており、「湘南」は登場しない。木下は戦後、間もなくから長きに渡って辻堂に住んでおり、1955（昭和30）年に発行された辻堂駅開設40周年記念誌に寄稿していたことからも「湘南」に一定の愛情を持っていることが伺われる。1956（昭和31）年の『太陽とバラ』は木下の「太陽族」に対しての持論を映画化、片瀬西海岸海水浴場がロケ地として登場、1959（昭和34）年の『今日もかくてありなん』では辻堂駅がロケ地になっている。ただ小津のように代表作ではないところが、「湘南」のイメージ伝達においての木下作品の位置付けになるだろう。

黒澤明『天国と地獄』に描かれた「湘南」

江ノ電は「湘南」の風物詩だ。先述したように1902（明治32）年に藤沢—片瀬（現江ノ島）が開通、1910（明治43）年に鎌倉まで延伸した。東京から至近距離なのに単線ローカル線の雰囲気を堪能でき、若者イメージの江ノ島と古都である鎌倉を結ぶ沿線にはさまざまな観光資源が点在している。また江ノ電自体が被写体になりやすい特徴を持っていることから、テレビや写真などに利用されることも多い。コンテンツ作品にもしばしば登場することから、その認知度は日本国内、そして海外でも高い。

黒澤明の代表作『天国と地獄』は1963（昭和38）年の作品だ。エド・マクベインの小説『キングの身代金』を原作としたこの作品のあらすじは以下の通りである。ナショナルシューズの権藤専務は、自分の息子と間違えられて運転手の息子が誘拐され、身代金3000万円を要求される。悩んだ挙句、権藤は運転手のために身代金を用意、無事に子供は取り戻すことができたが、犯人は金を奪取して逃走、ここから犯人を警察が追いかけるというものだ。映画公開後には模倣犯の出現により、刑法が改正されるなど社会的影響力も注目された作品である。

作品の舞台は横浜だ。それも西区、中区、南区に集中しており、高台にある権藤邸は浅間台である。作品の中でもっとも緊張感があふれているのは、酒匂川鉄橋で特急こだまから現金の入ったカバンを犯人に受け渡すシーンだ。ちなみにこのカバンは洗面所の隙間7センチの窓から放り出される。吉田カバンの創業者、吉田吉蔵によって作られた特注のブリーフケースである。ちなみに撮影時には3つのサンプルが作られ、そのひとつは吉田カバンに大切に保存されている。

映画が公開された1963（昭和38）年は東海道新幹線の開業1年前だった。151系電車の特急こだまは東京―大阪を6時間50分で結んでいた。このシーンは国鉄の全面協力のもと、特別列車を仕立てて撮影した。ちなみにチャーター料金は２０００万円だったことと、国鉄のダイヤに割り込んで走らせたので1回で撮影する必要があり、田町電車区で入念なリハーサルが繰り返されたという。

そして江ノ電が登場する。共犯者のアジトを突き止めるため、刑事たちはそこが誘拐された子供が書いた富士山と海に沈む夕陽の絵から藤沢近辺と考え、江ノ電のトロリーポールの音が脅迫電話に入っていたことから急カーブと特定した。江ノ電は１９６４（昭和39）年までパンタグラフではなく、トロリーポールを使用していた。当時の江ノ電の車両は１００形で、作品の中では連結ではなく単独の1両で走行している。同型の１０８号はパンタグラフ様式で動態保存され、現在もイベントなどで走行し、１０７号は集電装置がトロリーポールに戻され、鎌倉市内の公園に保存されているという。

作品の中で江ノ電が走るのは、腰越の辺りである。ちょうど崖が海に迫っているところだ。また腰越漁港、七里ヶ浜、極楽寺界隈も登場してくる。そこにあるのはモノクロで表現された昭和30年代後半の「湘南」である。江ノ電は関連観光施設として１９５１（昭和26）年に江ノ島熱帯植物園、江ノ島展望台などを開設、周辺の観光化に尽力していくが、『天国と地獄』の公開以降、昭和40年代に入るとモータリゼーションの影響を受けて利用客が低迷、廃止も議論されることになる。

そういう意味では『天国と地獄』に登場する江ノ電沿線は現在の観光地化された佇まいと異なり、まだ牧歌的な雰囲気を残している様が伺われる。昭和30年代は東京―熱海（沼津）間を走る東海道本線中距離電車を「湘南」電車と呼んでいた。電車化された80系が投入されたのが、1950（昭和25）年、車体はオレンジ色と緑色に塗り分けられていた。現在では東海道線と呼ぶことが一般的だが、2001（平成13）年に宇都宮線と横須賀線を直通する系統、高崎線と東海道線を直通する系統がある湘南新宿ラインが登場した。

江ノ電は「湘南」のひとつの象徴だが、その傍らで国鉄、JRの路線も「湘南」と冠付けられるように、これらの呼称も「湘南」のイメージ拡大に大きく寄与してきたものと考えられる。この点にも注目すべきだろう。

「太陽族」からネクストへ

映画『太陽の季節』の公開は1956（昭和31）年、原作にはほぼ忠実に制作されたといわれ、原作者の石原慎太郎の弟、石原裕次郎が脇役でスクリーンデビューした作品でもある。先述したように、小説の方の『太陽の季節』の芥川賞受賞を受けての、石原慎太郎と大宅壮一の対談で、大宅が「太陽族」という言葉を用いたところから、夏の海辺で無秩序な行動を取る享楽的な若者、つまり慎太郎刈り、サングラス、アロハシャツを着用している不良たちのことを指す言葉として流行した。

この流れは同年公開の『狂った果実』に繋がっていく。この作品は監督が中平康、主演は石原裕次郎、北原三枝、津川雅彦であった。原作は石原慎太郎の同名小説であることから「太陽族映画」とも呼ばれた。石原裕次郎演ずるプレイボーイの兄と津川雅彦演ずる純粋な弟が同時に同じ女性に恋をする顛末を描く。ヌーベルバーグへの影響も指摘されている作品である。

ロケ地は「湘南」が中心になっており、兄弟は鎌倉在住という設定になっていて、冒頭は二人で鎌倉から逗子まで電車で移動する。逗子海岸、葉山マリーナ、森戸海岸、一色海岸も登場している。ちなみに森戸海岸には石原裕次郎の記念碑も建立されている。この二作によって「太陽族」は一般化し、当時の若者像になっていく。もちろん多くの若者は「太陽族」と乖離したところにいるものが大多数だったが、当時のひとつの象徴的存在として捉えていくべきなのだろう（写真21）。

写真21　『狂った果実』

このブームの前提として難波功士は、「アメリカのティーンエイジ文化の世界的な広がり、1955（昭和30）年の映画『エデンの東』『理由なき反抗』の封切りにともなうジェームス・ディーン人気や、同年封切りの

『暴力教室』挿入曲「ロック・アラウンド・ザ・クロック」のヒットなどと呼応するように、50年代には日本でも「十代」が取り沙汰され始める」(『族の系譜学 - ユース・サブカルチャーズの戦後史』)と述べており、ティーンエイジへの注目はまずアメリカから始まったと見るべきなのかもしれない。太陽族もこの一連のムーブメントを象徴するものだった。

そしてこの後、1971(昭和46)年に藤田敏八監督の『八月の濡れた砂』が公開される。同時上映は蔵原惟二監督の『不良少女魔子』だった。これが日活の青春映画の最後であり、この2本を最後にして、日活はロマンポルノに路線変更を行った。『八月の濡れた砂』の舞台は「湘南」、広がる海を背景に、若者たちが暴走していく様を描いた作品だ。しかし彼らは「太陽族」とは違う、どこかシラケた雰囲気を醸し出している。投げやりで、飽きっぽく、一貫した情熱を持つこともなく、その場しのぎの判断や行動を行っていく。

日活のウェブ公式サイトには以下のような解説がある。

夏の光と影。青春のきらめき。1971年、政治の季節が終わり、若者たちは目的を失いつつあった。大人になることを拒み、大人に牙を向ける者たちのひと夏を描いた『八月の濡れた砂』は、日活青春映画の最高傑作であり、時代を作った映画でもある。ギラギラした太陽、洋上を走るヨットで繰り広げられるクライマックスは、日活映画への鎮魂歌でもあり、藤田敏八映画の新たな船出となった。石川セリの唄う主題歌とともに、1970年代を象徴する作品として、今なお、愛され続けている。

（佐藤利明）

時代は大学紛争がやや下火になった頃だ。東大紛争が1968（昭和43）年から1969（昭和44）年にかけて、あさま山荘事件が1972（昭和47）年、第一次オイルショックが1973（昭和48）年ということになる。いわゆる政治的無関心が広まった世代を指す言葉だ。世相や社会などに関心が薄く、何においても熱中できず、冷めた傍観者然とした態度を取る若者を「しらけ世代」と呼んだ。また真面目な行いが格好悪いとする思春期の若者をそう呼ぶこともあった。時期的に『八月の濡れた砂』が描いたのは、後者の方であろう。やがて学生運動が沈静化し、学生運動への失望が定着し、第一次オイルショックによって高度経済成長が終焉を迎え、「シラケ」という言葉が流行し、「無気力・無関心・無責任」の三無主義の時代がやってくるようになった。

『太陽の季節』も「湘南」が舞台で、『八月の濡れた砂』も「湘南」が舞台、それだけではなく映画会社は2作とも日活である。くしくも単なる偶然の所作なのだろうか。『八月の濡れた砂』のロケ地は逗子、葉山、茅ヶ崎などとされ、村野武範演じる野上が海に飛び込むシーンは西伊豆の堂ヶ島にある天窓洞の遊歩道、しかしそれ以外はほぼ「湘南」のイメージだ。現在では年配の人々の記憶に残るだけの作品なのかもしれないが、石川セリの歌う主題歌の「あの夏の光と影は／どこへ行ってしまったの」というフレーズも同時に思い出すはずだ。ともあれ

「湘南」の若者イメージを増幅することに寄与した作品だという点に異論はないだろう。

「若大将」シリーズ

先の章で加山雄三が「湘南」サウンドの誕生に関しては、重要な役割を果たしたことは述べた。しかし彼はミュージシャン、作曲家であるとともに俳優でもあった。今でいうマルチタレントの走りともいうべきかもしれない。さて俳優としての彼の代表作は「若大将」シリーズであった。加山演じる若大将こと田沼雄一を主人公に、若大将に対抗心を燃やす青大将こと石山新次郎を軸に物語が展開する。東宝が1961(昭和36)年から1971(昭和46)年まで制作した全17作が「若大将」シリーズと呼ばれており、駅前シリーズ、社長シリーズ、クレージーキャッツシリーズとともに1960年代の東宝を支えたとされる。

「太陽族映画で形成された、「湘南=若者」というイメージを固定化したのは東宝で製作された加山雄三主演の「若大将シリーズ」の影響が大きいと思われる」(『湘南の誕生』)とし、さらに以下のように続ける。「ただし、太陽族映画の舞台が明確に湘南海岸であるのに対し、若大将シリーズにおいて明確に湘南地域が登場するシーンは少なく、若大将シリーズと湘南地域の結び付きは、加山雄三を介して成立している、いわば現実からは乖離したイメージであった。しかし、若大将シリーズにより普遍化された「健全な若者がおくる青春の舞台としての湘南」

のイメージは、シリーズの中で固定されていき、さらにはテレビドラマを含めた映像文化において強化されていくことになる」

「若大将」シリーズはもともと戦前の「大学の若旦那」シリーズに着想を得て制作された。酒屋の三代目が大学スポーツの選手という設定は、まさに「若大将」シリーズそのものである。酒屋がすきやき屋に変わったといったところだ。このシリーズには海が頻繁に登場する。これによって「若大将」シリーズ＝海のイメージが形成されていったと考えてもよい。海外ではハワイ、タヒチ、ブラジルなどでロケが実施されているが、『海の若大将』は関西ロケが中心で田沼が所属する京南大学水産学部は関西学院大学でロケを行い、海岸のシーンは西宮沖である。この作品は宝塚撮影所が使用されたことからだろう。このシリーズでは田沼の所属する大学及び学部が統一されておらず、実家の田能久の場所も麻布にあるはずなのに、浅草・今半別館をロケ地にしたこともある。この辺の曖昧さは当時ならではのものだろう。ちなみに学生編の東京以外の主なロケ地は『大学の若大将』が箱根・芦ノ湖畔、『銀座の若大将』が万座スキー場、『日本一の若大将』が箱根・芦ノ湖畔、『ハワイの若大将』がハワイ、『海の若大将』が神戸をはじめとした関西、御蔵島、『エレキの若大将』が日光・戦場ヶ原、『アルプスの若大将』がスイス、オーストリア、イタリア、苗場、『レッツ・ゴー！若大将』が香港、マカオ、京都、『南太平洋の若大将』はハワイ、タヒチ、『ゴー！ゴー！若大将』は京都、鈴鹿サーキット、琵琶湖、『リオの若大将』はリオ・デ・ジャネイロだった。

シリーズ中に「湘南」が登場しているのは『南太平洋の若大将』で登場する江ノ島水族館くらいだろうか。先述したように茅ヶ崎出身の加山雄三と頻繁に登場する海がイメージリンクを起こして、「湘南」が登場しない「湘南」映画になったということなのだろう。「太陽族」映画が「湘南」イメージを全国の若者に伝達する役割を果たしたとすれば、「若大将」シリーズはその先鋭的なイメージを健全化させる役回りを担っていたと解釈できる（写真22）。

『太陽の季節』や「若大将」シリーズが「湘南」のイメージ形成に大きく寄与しているのも、おそらく映画の最盛期だったからだろう。イメージは現在になっても、インスタグラムが注目されるように、メディアやコンテンツの影響は計り知れない。映画は大正、昭和と娯楽産業としての地位を確立し、戦後は松竹、東宝、東映、大映、新東宝、日活の六社体制になり、製作、配給、興行を一括した体制で経営に当たっていたが、最盛期は映画人口で見ると１９５８（昭和33）年の約11億人であった（図8）。そこからピークアウトして１９７０年代半ばからほぼ横ばいになった。１９５７（昭和32）年から１９６０（昭和35）年にかけてはこれらの映画会社は週に２、３本、年間にすると約１００本の作品を制作し、配給していたと

写真22 『南太平洋の若大将』

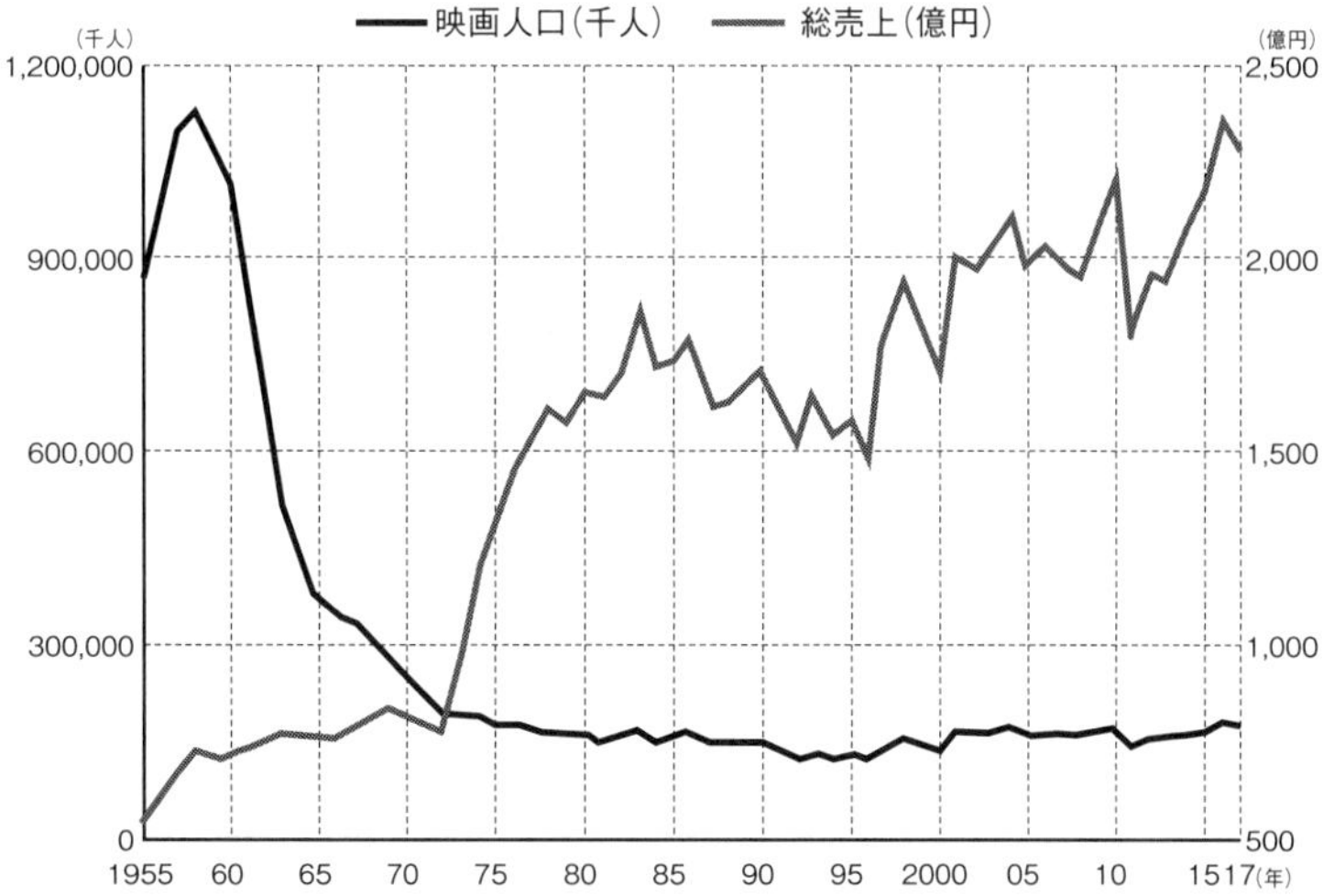

図8 映画人口と映画の総売上
(『新佃島・映画ジャーナル』https://eigajournal.wordpress.comより)

いう。邦画の公開本数は約8割だったが、1960年代にテレビが普及したことの影響を大きく受け始める。

つまり1960年代以降は、次に述べるテレビドラマが映画に替わって「湘南」のイメージ形成に大きく寄与したことになる。言い換えればテレビがメディアの主役になったということができるだろう。ただテレビドラマが単独でイメージ形成していったわけではなく、本書の意図するメディアの複合化によってのものだと思う。映画は最盛期に比べると影響力を落としているかもしれないが、今後も「湘南」のイメージ形成には一定の影響は与えていくに違いない。

極楽寺

極楽寺は閑静な住宅地だ。江ノ電の長谷と稲村ヶ崎の間にある。古刹、極楽寺と極楽寺坂という切通しが以前、テレビ番組『ブラタモリ』でも紹介されていた。その坂を下りた先に江ノ電・極楽寺駅がある。木造の古い、小さな駅舎だが、映像作品、マンガ、アニメなどによくキービジュアルとして登場することが多い。周辺も観光地的な色合いはあまりなく、素顔の鎌倉を伺い知ることのできる地域である。しかし何故、極楽寺がいわゆるコンテンツ作品の舞台に使われることが多いのだろう。

先にも触れたが、最初に極楽寺をロケ地に使ったのは、1976（昭和51）年に日本テレビで放送が開始された『俺たちの朝』であろう。この作品は前年、高視聴率を上げた同じ日本テレビで中村雅俊が主演した『俺たちの旅』の後を受けた形で、うまく人気を引き継ぎ、当初1クール予定だったが、『太陽にほえろ！』でテキサス刑事を演じていた勝野洋の主演ということもあって、結果的に『俺たちの旅』同様、4クールの放送になった。いわゆる日本テレビの青春ドラマの一作だった。

ただしここで描かれる若者たちは『太陽の季節』や『八月の濡れた砂』とは違う、新しいタイプのものだった。この時期はやがてヤンキーに継承されるツッパリが登場した頃だが、このドラマではアメリカのカルチャーが浸透してきて、安穏とした若者たちが描かれている。現代コミュニケーションセンターでは、新入社員を年代別にニックネーム化しているが、それによると1973（昭和48）年は、おとなしいが人になつかず世話が大変な「パンダ」型、1975（昭和50）年は、群れから外れやすく、シラケた目で見ている「ジョナサン」型ということになっている。これで当時の一般的な若者像がつかめるだろう。

このドラマの放送によって、作品の舞台になった古都・鎌倉が再認知され、モータリゼーションの影響で江ノ電も廃止の危機にあったが、この作品のヒットによって極楽寺が若者の新たな観光名所になり、経営危機を脱することに貢献したといわれている。それ以来、極楽寺はさまざまなコンテンツ作品の舞台に使われることが多くなった。マンガでも2001（平成13）年から『コミック・フラッパー』に連載された柳沼行の『ふたつのスピカ』では1話目に極楽寺駅が描かれ、2002（平成14）年から『週刊少年ジャンプ』に連載された岡本倫のマンガ『エルフィンリート』ではやはり1話目に極楽寺駅が使われている。

また2006（平成18）年から『月刊フラワーズ』に連載された吉田秋生の『海街diary』も作中で主人公のすずを含めた香田家四姉妹が通学、通勤に利用する駅として描かれている。2011（平成23）年から『月刊コミックブレイド』に連載され、アニメ化もされた『南鎌倉高校女子自転車部』もキービジュアルに極楽寺駅が描かれている。

意外かもしれないが、映画からテレビへシフトした1970年代、現在は千葉県知事になっている森田健作主演のテレビドラマ『俺は男だ』は、「湘南」が舞台だった。1971（昭和46）年の放送だったが、この作品では確かに海岸で剣道の練習をしている場面が今でも記憶にある。青葉高校のモデルは善行にある藤沢商業高校（現藤沢翔陵高校）だ。吉川操と並ぶヒロイン、丹下竜子の相沢高校は栄光学園が使われている。また森田健作演じる小林弘二が彼女と対決するのが小動神社、このドラマには稲村ヶ崎駅、七里ヶ浜、鎌倉海浜公園、坂の下、由比ヶ浜、材木座、光明寺と「湘南」が目白押しである。このドラマのロケ地が「湘南」だったのは、放送されたのが日本テレビではあったが、製作が松竹だったということにあるのかもしれない。

『俺は男だ』『俺たちの朝』などのテレビドラマは「若大将」シリーズで健全になった「若者と湘南」のイメージをさらに一般化し、「青春」という要素を押し出すことによって、視聴者と「湘南」の距離が縮まっていく。まさに反復によるイメージの強化ということなのかもしれない。

近年では極楽寺が大きくアピールされたのは、テレビドラマ『最後から二番目の恋』であろう。2012（平成24）年に放送されたこの番組は45歳独身のテレビ局の女性プロデューサーと50歳独身の鎌倉市役所に務める公務員の恋愛物語だった。舞台は極楽寺、駅にはドラマ放送後から2016（平成28）年まで出演者のサインやポスターが貼られてあった。主演者、脚本家などがさまざまな賞を受賞、2014（平成26）年には『続・最後から2番目の恋』が放送された。主演の一人、中井貴一は父親が俳優の佐多啓二だったことから、名前は小津安二郎の命名だという。東京生まれではあるが、鎌倉との縁に強い俳優である。もう一人の主演の小泉今日子も厚木の出身だ。

中井貴一演じる主人公の家は長倉家だが、入り組んだ路地の多い坂ノ下にあり、場所的にはちょうど極楽寺駅と長谷駅の中間にあたり、長倉家で営んでいる古民家カフェのロケ地になっているのは、「カフェ坂ノ下」で、このドラマのファンが来店する「聖地」のひとつになっている。もちろんドラマには近隣の七里ヶ浜も登場し、「湘南」のイメージ形成に大きく寄与したといえるだろう。

また前掲した『海街 diary』は2015(平成27)年に是枝裕和監督によって映画化され、第39回日本アカデミー賞最優秀作品賞を受賞、興行的にも成功を収めた。マンガの原作同様、物語の主人公である四姉妹の家は、極楽寺駅の近くの古民家に設定されている。そこを起点に大半のロケ地は鎌倉をはじめとした「湘南」に集まっている。七里ヶ浜のカフェ・バー、逗子の喫茶店、江ノ島の食堂、そして葬儀後、四姉妹が喪服姿で歩くのが稲村ヶ崎の海岸だ。

極楽寺は格別、目立った観光地ではなく、住民が普段の生活を送る住宅地である。それがさまざまな作品の舞台になっている大きな理由なのであろう。観光地の「湘南」ではなく、生活圏としての「湘南」である。

描かれる若者たちの物語

日活の青春映画以降も、「湘南」と若者は映像で描き続けられている。茅ヶ崎生まれの桑田佳祐の映画初監督作品『稲村ジェーン』は1990（平成2）年に公開された。作品の中での時代設定は1965（昭和40）年だ。その年に、20年に一度の台風によってもたらされるという伝説のビッグウェーブ「ジェーン」を待つサーファーたちのそれぞれのドラマを描くという青春物語だ。サザンオールスターズの桑田の監督作品ということもあって、1990（平成2）年度の日本映画配給収入年間第4位、観客動員数350万人を記録、興行的には成功を収めたが、作品自体には賛否両論が集まった。

稲村ヶ崎では「イナムラクラシック」という伝説のサーフィン大会があり、毎年、台風などが多く発生する8、9月に波待ち期間を設け、その期間にビッグウェーブが起こったときだけ開催されるというものだ。1989（平成元）年に第1回大会が開催されて、2013（平成25）年に24年振りに開催されたことで知られている。これが『稲村ジェーン』のヒントだといわれている。

サーフィンは「湘南」に住む若者のマストアイテムだ。海沿いには自転車にサーフボードを括り付けて先を急ぐスウェットスーツ姿の若者がとても多く見られる。もはやライフスタイルの一環として捉えてもいいのかもしれない。一家に一台サーフボードがあったとしても不思議ではないだろう。さて「湘南」に不可欠のこのサーフィンだが、現在のサーフィンの発祥地は鵠沼海岸から茅ヶ崎、鎌倉、鴨川、いすみといわれており、第二次世界大戦後、日本に駐留した米兵がその辺りのビーチでサーフィンをしたのが始まりという説が一般的ではあるが、その前から日本人が一枚板での波乗りを行っていたという記録もあるらしい。

茅ヶ崎のサーフショップ「ゴッデス」の創業者、鈴木正に関する以下のエピソードも興味深いものだ。

60年代は、我が国のサーフィン時代のまさに幕開けであった。1962年、当時逗子にいた鈴木氏は、七里ヶ浜の海岸で初めて本物のサーフィンを目の当りにする。駐留軍の米国人がサーフィンをしていたのだ。

（「茅ヶ崎のサーフィン史」茅ヶ崎市サーフィン業組合ホームページ）

「ゴッデス」もここから始まったということか。「湘南」のひとつのライフスタイルがこうして形成されていく。サーフィンといえば映画という向きもあろう。1978（昭和53）年にアメリカで制作された『ビッグ・ウェンズデー』も代表的なサーフィン映画である。監督のJ・ミリアスは自分が幼少の頃に過ごした南カリフォルニアのマリブへのオマージュとしてこの作品を制作したといわれる。主人公たちは実在の人物がモデルとされ、10年以上も水曜日に訪れるという世界最大級の波「ビッグ・ウェンズデー」を待ち続け、ようやく待ちに待った日が来るという物語だ。これもまるで「イナムラクラシック」を彷彿とさせるような話だ。

映画のイラストにも描かれているサーフボードを載せたダイハツミゼットが印象的だが、もう街では見ることのできなくなった1960年代に活躍したオート三輪車だ。まだ現在より牧歌的であった「湘南」が『稲村ジェーン』に顔を覗かせる。そして映画とは関係ないが、1966（昭和41）年、第1回全日本サーフィン選手権が鴨川で開催されている。

『海岸物語 昔みたいに…』は1988（昭和63）年、TBSで1クール放送されたテレビドラマだ。「湘南」が舞台、鎌倉山にあるパン屋「ボンジュール」が登場している。番組放送時と経営者が変わっているが、現在でも営業を続けている。もちろんこのドラマのファンで当時は賑わっていた。ちょうど1986（昭和61）年に『男女7人夏物語』が、翌1987（昭和62）年に『男女7人秋物語』が放送されており、このドラマも男女7人を中心に物語が展開した。

この一連の流れがその後のトレンディドラマのひとつのパターンを作っていくことになる。主役級の男女に、複数の男女の脇役が絡んでいくというものだ。トレンディドラマとは英語のTrendy（流行を追う）とDrama（ドラマ、劇）を組み合わせた和製英語で、1990年代に定着した。流行のレストラン、カフェ・バー、デートスポットがドラマの中に登場し、ドラマのファンがよく訪れるようになった。

　ちょうど時代はバブル期に差し掛かる頃であり、好況を呈する時代をドラマも反映していた。例えば『男女7人夏物語』で主人公の男性が住んでいるのは、現在でいう人気の高い湾岸エリアであり、そういう意味では時代を先取りしていたという見方もできる。バブルはさまざまなものを変化させていった。もちろんそこには若者たちのライフスタイルも含まれる。「湘南」が一層、お洒落なイメージをまとうのはこのバブルの影響も見逃せない。つまり若者の身近な憧れの場所ということになる。言い換えると身近なリゾートともいえる。

　２００６（平成18）年に公開された『タイヨウのうた』はＹＵＩ、塚本高史の主演、同年、ＴＢＳで放送されたドラマの方は山田孝之、沢尻エリカの主演、いずれも「湘南」が舞台だった。映画の方ではＹＵＩはＪＲの鎌倉駅前、ドラマでは沢尻が藤沢の奥田公園、ＹＵＩの方の自宅は七里ヶ浜、沢尻の方の自宅は葉山である。映画は鎌倉中心に、ドラマは藤沢中心となっているが、ロケ地の範囲は紛れもなく「湘南」である。

　物語は色素性乾皮症を患った夜しか活動できないミュージシャンの少女と、彼女に出会った少年のラブストーリーである。映画の方ではサーフィンが要素として取り込まれ、強調されている。２０１８年に舞台化された『タイヨウのうた～ Midnight Sun ～』でも主人公の少年はサーファーである。またこの作品は韓国ではミュージカル化、ベトナムではテレビドラマ化され、２０１８（平成30）年にはハリウッドでリメイクされ、一定の興行成績を収めた。

「湘南」が持つ場所の魅力がさまざまな青春物語を作り続けていくということなのだろう。

2010（平成22）年にフジテレビで放送された『流れ星』も新江ノ島水族館で働く竹野内豊演じる主人公と上戸彩が演じる風俗嬢のラブストーリーだ。物語は複雑に絡み合って展開し、ラストシーンは新江ノ島水族館である。ミステリアスなクラゲの水槽の前で二人は再開する。新江ノ島水族館が登場する関係から、このドラマは「湘南」がロケの舞台になっている。

江ノ島シーキャンドル、片瀬西海水浴場、茅ヶ崎、七里ヶ浜、稲村ヶ崎と「湘南」を中心にロケ地が設定されている。もちろん物語の展開上、横浜や東京も出てはくるが、明らかに「湘南」物語として捉えてもいいだろう。新江ノ島水族館は、2004（平成16）年に、1954（昭和29）年に日活の社長だった堀久作が開設した江ノ島水族館をリニューアルオープンしたもの。江ノ島界隈のひとつのランドマークだ。巨大水槽、イルカショーもお馴染みである。江ノ島には多くの人々が集まる。最近では外国人も本当に増えた。今後は世界に向けての「湘南」イメージ発信の時代がくるのだろうか。

江ノ島といえば『陽だまりの彼女』だ。この作品は2013（平成25）年の公開である。原作は大ヒットした越谷オサムの同名小説で、ただし原作は「湘南」が舞台ではない。監督が『陽だまりの彼女』というタイトルから「湘南」を想起したという。中学時代の同級生が10年振りに再会して、恋に落ちるが、さまざまな不思議なことが起きる。結婚して新居に引っ越し新生活に突入するが、やがて彼女は姿を消してしまう。主人公の浩介を松本潤、真帆を上野樹

写真23 『陽だまりの彼女』ロケ地マップ

里が演じている。いわゆるファンタジック・ラブストーリーといえばいいのだろうか。

ロケ地は「湘南」エリアでは、逗子の大崎公園、葉山の「Don」、新江ノ島水族館、江ノ島一帯、そして江ノ島の最大のポイント、恋人の丘・龍恋の鐘などである（写真23）。上映後、江ノ島には多くのファンが訪れたことから、龍恋の鐘には映画で使われた鍵の展示がある。これは湘南藤沢フィルム・コミッションによるものだが、近年、「湘南」がロケ地になるのはこの団体の活動によるところも大きい。地域映画のムーブメントが生じた背景には地域にフィルム・コミッションが続々と設立されたことがまず挙げられよう。日本では2000（平成12）年に設立された大阪ロケーション・サービス協議会がその嚆矢とされるが、翌年に全国フィルム・コミッション連絡協議会が設立され全国的な動きへと波及していく。現在では組織変更し、特定非営利活動法人ジャパン・フィルムコミッションへと移行しているが、地域のフィルム・コミッションは自治体、観光協会、コンベンション協会、NPO、一般社団などその組織形態はさまざまである。

フィルム・コミッションとは映画のロケ誘致や撮影支援を行う公的機関であり、自治体、観光協会、コンベンションビューローに部署を設置し、NPO、一般社団などの形態を取っているところもある。その目的は映画のロケ誘致を行うことで地域活性化、文化振興、観光促進を図ることであり、近年のロケ地巡りの活発化によってフィルム・コミッションも必然的に注目されるようになってきた。

しかし日本ではロケ誘致、支援を中心にした性格が強く、例えばイギリスのようなインベストメント的な性格はほとんど有してはいない。当然、これからの展開が注目されるが、広義の意味での地域映画にはこのフィルム・コミッションの設立が大きな役割を果たしたといえる。かねてから映画のロケ地巡りは観光のひとつの要素ではあったが、1995（平成7）年『Love Letter』（岩井俊二監督）から2004（平成16）年『世界の中心で愛を叫ぶ』（行定勲監督）を経て、本格的にファンの間で「聖地巡礼」が始まった。前者は小樽市に、後者は庵治町（現高松市）に大勢の観光客を集めることになる。初期の代表的な作品には2004（平成16）年『スイングガールズ』（矢口史靖監督）、2006（平成18）年『フラガール』（李相日監督）、2008（平成20）年『おくりびと』（滝田洋二郎監督）などが挙げられる。いずれもロケ地巡りの観光客で地域活性化を図った事例として知られている。

湘南藤沢フィルム・コミッションは「湘南」という地の利を活かしつつ、2002（平成14）年から積極的にロケ誘致に取り組んできた。本事業は公益社団法人藤沢市観光協会が藤沢市からの負担金で運営、観光協会の担当職員が数名従事している。支援件数は毎年、100本以上、地域にはロケ時の飲食、宿泊、施設使用料等の市内経済効果及び情報番組での藤沢のイメージアップ等、間接経済効果も大きい。

さて近年では「湘南」はすっかり東京、横浜のベッドタウンということになっているが、JR藤沢駅から最短で品川駅まで36分、東京駅45分、新宿駅49分であり、まさに通勤圏といっても過言ではない。2013（平成25）年の総務省『住宅土地統計調査』では遠距離通勤比率で見ていくと、藤沢市が9・94％、平塚市が11・04％、茅ヶ崎市が14・34％、鎌倉市が15・09％、逗子市が19・27％、葉山町が28・02％と高いことがわかる。図9はその概要を地図化したものである。人口も藤沢市、茅ヶ崎市が増加傾向、その他はほぼ横ばい状態である。全国的な人口減少基調を前提に考えると、「湘南」は人口微増になっているといっても過言ではない。

つまり「湘南」はローカルとしては好調だといえよう。JRのみならず公共交通網が整備されており、かつ近年では大学の数も増えている。慶応大学の湘南藤沢キャンパス（SFC）が

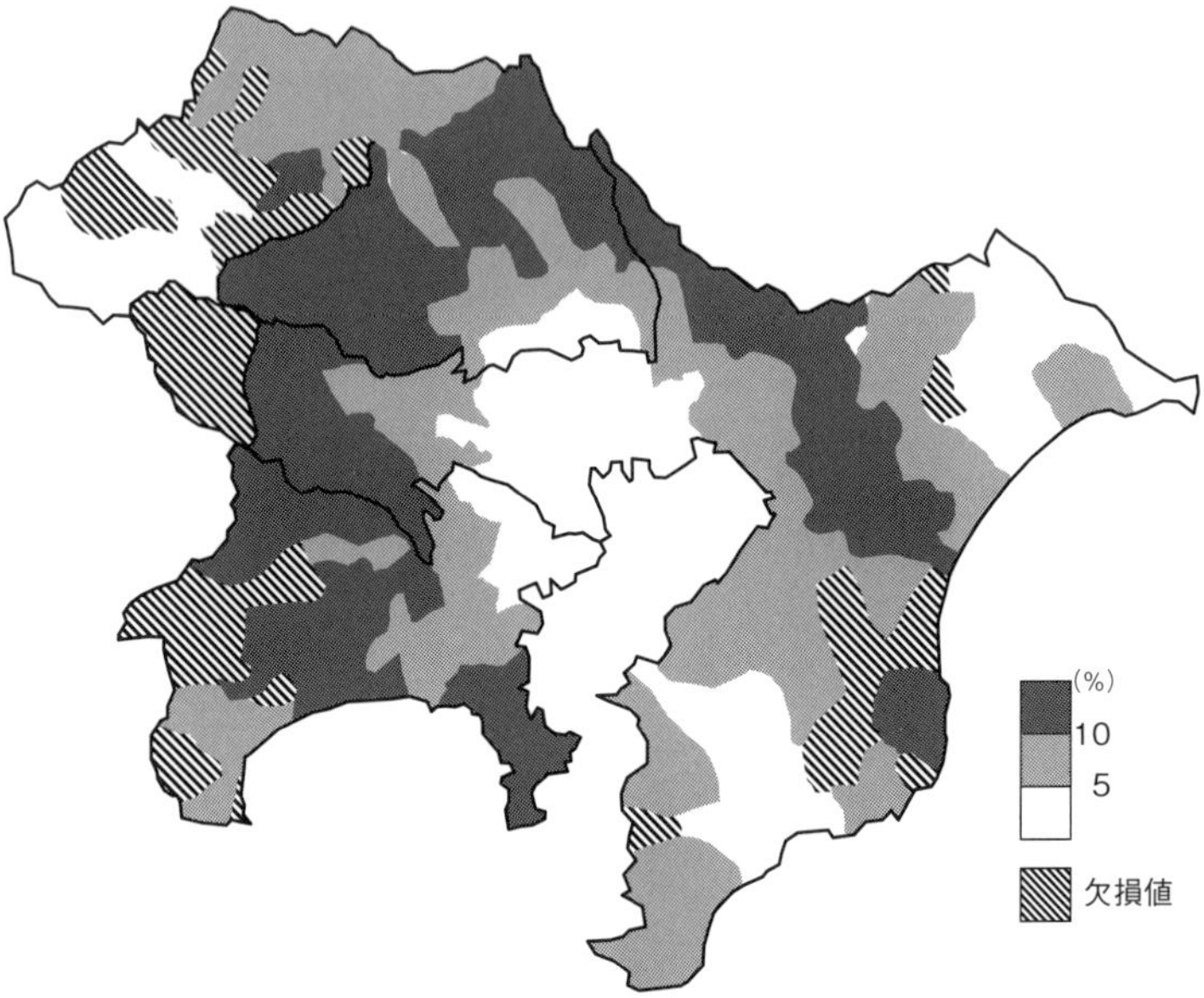

*主たる家計支持者（雇用者）の片道通勤時間が、90分以上の世帯の比率。
資料：総務省『住宅土地統計調査』（2013年）

図9　首都圏の遠距離通勤率マップ
（舞田敏彦『データえっせい』https://tmaita77.blogspot.com/2016/01/blog-post_13.htmlより）

誕生したのが、1990(平成2)年、その前年に神奈川大学が平塚キャンパス(現湘南ひらつかキャンパス)、1985(昭和60)年には文教大学湘南校舎、2003(平成15)年に鎌倉女子大学が大船に移転、2007(平成19)年に多摩大学が湘南キャンパスを設置した。

もっとも早くから「湘南」にキャンパスを構えたのは日本大学の農学部(現生物資源科学部)である。1941(昭和16)年に藤沢市六会の30万坪の広大な敷地に設置された。その後、1963(昭和38)年に相模工業大学(現湘南工業大学)が藤沢市辻堂に開学しているが、「湘南」キャンパスの設置は近年、活発化してきている。

つまり通勤、通学にも便利であり、また大学のキャンパスが散在しているところから、大学生も増えてきていることが伺われる。やはり大学のキャンパス展開も「湘南」の若者イメージの増幅に寄与していると見ることもできるだろう。

バブルと「湘南」

前掲した映像作品もバブル期のものが幾つかあったが、バブル期を代表する作品としては、1989(平成元)年に公開された『彼女が水着にきがえたら』、1991(平成3)年に公開された『波の数だけ抱きしめて』が思いつく。1987(昭和62)年公開の『私をスキーに連れて行って』とともにバブル期に公開されたホイチョイプロダクション原作の『ホイチョイ

3部作』である。

さてその前段として「湘南ボーイ」という言葉の登場に触れておきたい。1980年代に流行した言葉だ。先述した松任谷由実の主張もあるが、一説には『太陽の季節』『狂った果実』などで「湘南」との結び付きが深くなった石原裕次郎と「若大将」シリーズの加山雄三が慶應義塾大学出身ということもあり、「湘南」と「慶応ボーイ」が融合したともいわれている。一般的に「湘南ボーイ」という言葉が普及する時期は定かではないが、1976（昭和51）年の『POPEYE』の読者の投書に「湘南ボーイ」が登場しており（ウェブサイト『湘南プロムナード』）、この時期には一般化していると考えてもよい。つまり女性誌、ファッション誌などの出版メディアを中心に使われた言葉として捉えるべきなのかもしれない。サーファーなどのマリンスポーツ愛好者であること、「湘南」に居住していることなどの狭義の条件もあるが、どちらかというと「湘南」に集まる若者という広義の使われ方をしている場合が多かった。

「湘南ボーイ」は当時の若者像のステレオタイプのひとつなのだろう。『POPEYE』族という言葉もあったが、おそらく同義語に近いのかもしれない。同時に「湘南ガール」という言葉もあったが、これも出版メディア特有の典型化、類型化のひとつだと思われる。若者のひとつのタイプと考えてもよいだろう。しかしいずれにしても彼らは下流階級の若者たちではなく、上流階級とまではいかなくても、それほど生活に困窮してはいない、自分の生活を楽しむ余裕のある若者たちといえるだろう。

本書にもバブルという言葉が何度も登場するので、ここで改めて整理しておきたい。バブル時代とは、日本が安定成長期に入って以降の1980年代後半から1900年代初頭の経済好況期を指す。株式や不動産の高騰が顕著だった。三大都市圏における地価は1986（昭和61）年から上昇し、1987（昭和62）年には東京都の商業地で対前年比80％にもなった。バブル期当時の東京都の山手線内の土地価格全体でアメリカ全土が買えるという算出結果も出た。それに伴って株価も上昇し、1989（平成元）年末には史上最高額の3万8千9百57円44銭を記録した。

バブル以前の1985（昭和60）年のプラザ合意直後に日本は円高不況に見舞われ、不況下にあった。当時の日本は現在と比べると製造業比率は高く、輸出産業は打撃を受け、中小の工場には倒産が続出していた。バブルが発生した原因は、急速な円高に伴うデフレ圧力と金融緩和の長期化予測によって名目金利が大きく低下し、それが株や土地への投資につながったことや貿易摩擦解消のために国内需要の拡大を国際公約し公共事業が拡大、また減税策が取られたことなどとされている。

しかし1991（平成3）年2月にはバブルは弾けるが、ただ深刻な経済問題が表面化するまでには、数年の時間を要した。当初は一時的な景気後退として楽観論が主流を占めていた。結局、その金融機関の不良債権処理も幾つかの破綻が生じてからの後手後手の対応になった。

後20年以上も続く長期不況などの契機になった。僅かな期間ではあったが、バブル経済は社会的な事象への影響も色濃くあった。

この時期は地上げや財テクなどに夢中になる人々も多く、学生は売り手市場、銀行や証券などの金融分野が収益を伸ばし、理系の学生の確保も積極的に行っていた。メディア、広告代理店、外資系企業も絶好調で、人気も高かった。企業メセナが注目を集めたのもこの時代である。つまり純利益が相当出たために、企業も社会貢献に回す資金も潤沢だったわけである。

またバブル期にはクリスマスに若者たちが高級ホテルのスィートルームでパーティを行い、赤坂や六本木などでは深夜でもタクシーが捕まらないなど、市民生活にも金余りの一端が覗いていた。一般的な庶民の生活も変化を見せ始めていた。海外旅行も身近なものになってきた。1986(昭和61)年には550万人程度だった日本の海外旅行者が、1990(平成2)年には1000万人を越えた。シーマに代表される高級車も飛ぶように売れた。今、振り返ると不思議な時代だった。筆者はその時代は札幌にいてあまり恩恵は得てはいないのだが、出張とかで東京に来るとその一端を垣間見ることができた。

前掲したホイチョイプロダクションの一連の作品は、そういう時代を背景にして制作された。『彼女が水着にきがえたら』は原田知世の主演、相手役は織田裕二である(写真24)。この作品はマリンスポーツを題材にし、宝探し的な内容になっている。相模湾でのロケシーンが多く、葉山マリーナや披露山庭園住宅なども登場しているが、そこに東京湾や沖縄なども取り込んでいる。電通が中心になって行われたプロダクトプレイスメントの手法が注目され、まさにバブル期ゆえの作品中での商品展開になっている。楽曲はサザンオールスターズのものを主題歌、挿入歌で使用、「湘南」イメージが色濃くなっている。

『波の数だけ抱きしめて』は主演が中山美穂、相手役は再び織田裕二である。この作品は「湘南」にあるミニＦＭ局を舞台に若者たちを描いたもので、モデルになったミニＦＭ局は１９８３（昭和58）年に海岸美化を訴えるために「湘南」に開局したミニＦＭ局・FM Bananaとされている。逗子マリーナや七里ヶ浜もロケ地になっており、逗子から鎌倉に抜ける飯島トンネルも印象的だ。音楽は松任谷由実、冒頭のトンネルを抜けるシーンでは「心ほどいて」が使用されている。ただし映画全編ではＦＭ局が舞台だということで、Ｊ・Ｄ・サウザーなどのＡＯＲの楽曲が多く使われている。作品に出てくるサーフショップは南房総に作られており、上総一宮もロケ地になっている。

写真24　『彼女が水着にきがえたら』

ミニＦＭは、現在のコミュニティＦＭとは違い、微弱電波を使用した、可聴範囲が狭いＦＭ局のことで、無線局免許は不要で、放送法上の放送局ではない。一般的にはマイクロFMともいわれてもいる。1982（昭和57）年に青山のキラー通りに開局した「KIDS」などが商業的ミニFMの嚆矢とされ、それから数年間はちょっとしたブームになっていた。出力をアップして摘発された事例も少なくはない。

この作品でもやはり『彼女が水着にきがえたら』同様、プロダクトプレイスメントの手法が取り入れられており、商品のアイテムはバブル期を感じさせるラインナップになっている。先に触れたが、サザンオールスターズや松任谷由実の「湘南」イメージはこれらの作品を通じて強固なものになっていったという見方もできるだろう。つまり以前と違って「湘南」のイメージ伝達は単にひとつのジャンルでの訴求ではなく、クロスメディア戦略によっての伝達になっているのが現在だ。

さて同時期のテレビドラマに『季節はずれの海岸物語』があった。1988（昭和63）年から1994（平成6）年にかけてフジテレビの深夜枠で放送された。年に1～2本の割合で放送され、番組タイトルが示しているように秋、冬の放送になることが多かった。第1作は1988（昭和62）年の正月にスペシャルドラマとして、同年10月に第2作が放送され、1994年の完結まで14本が制作され、人気を集めた。主演は片岡鶴太郎、彼が演じる圭介は海岸沿いにある喫茶店を経営している。彼と二人の女性の恋物語を中心に番組は展開していく。どちらかというと大人の恋物語だといえようか。

この番組もホイチョイの作品と同様に挿入歌では松任谷由実、サザンオールスターズが中心に選曲され、他にＴＵＢＥ、竹内まりやなどの楽曲も使われた。主題歌は松任谷由実の「DESTINY」だった。喫茶店は初代が長者ヶ崎、2代目が葉山、3代目が野比海岸にあった。主なロケ地は稲村ヶ崎、七里ヶ浜、腰越、鎌倉高校前、辻堂、逗子マリーナなどや実際にある飲食店なども含まれる。ウェブを見ていると今でもロケ地巡りをしている人々がいることに驚かされる。

以上、「湘南」にまつわる主な映像作品を見てきたが、時代によって傾向が違うことがよくわかる。しかし『太陽の季節』以降は若者を描くことが多くなり、それによって「湘南」の若者イメージが増幅されて、伝達されたのだろう。ましてやバブル以降は音楽とのコラボレーションが顕著になり、幅広く伝達していったことがわかるだろう。

ただし途中で簡単に触れたが、若者といっても多様化してきており、「湘南」を見ていく上では、ヤンキーにも触れなければならない。ヤンキーも「湘南」のイメージ形成においては重要な存在だと考える。ヤンキーに関しては後の章で、詳しく触れる。

第5章

「湘南」のマンガ、アニメ

わたせせいぞうと「湘南」イメージ

わたせせいぞうは、1983（昭和58）年に『モーニング』で連載された『ハートカクテル』で一世を風靡した。この作品は1986（昭和61）年にテレビアニメ化もされた。彼の作品の特徴はグラフィックデザインタッチのレイアウト、色彩も鮮やかなカラー原稿などにあり、影やグラジュエーションの表現が美しかった。また1話が4ページで構成されているものが大半だった。物語のテーマは「純愛」にあった。

まさに独自性のある作品を描いたマンガ家、イラストレーターである。ただし『ハートカクテル』の舞台は、アメリカの町並み、どちらかといえばウエストコーストのように見える。しかし登場人物の名前は日本人名だ。物語にはジェシーズ・バーが頻繁に登場し、村上春樹『風の歌を聴け』に出てくるジェイズ・バーを彷彿とさせる。登場人物は当時、流行したトラッドファッションに身を包んでいることが多く、バブル時代を思い出させてくれる。

『ハートカクテル』も青い海や青い空、白い雲がふんだんに出てくるので、「湘南」とイメージが被らないこともない。ただ具体的に明確な場所が描かれておらず、あくまでも架空の場所が舞台になっている。この作品は1989（平成元）年に連載が終了している。バブルに至るプロセスとともにあった作品だろう。先にイラストレーターの永井博や鈴木英人について触れたが、彼らの作品も直接的に「湘南」を描いたわけではない。ただそのテイストが「湘南」を想起させる点では『ハートカクテル』も同様だろう。

さてわたせは1992（平成4）年からやはり『モーニング』で『菜』の連載を開始する。この作品は鎌倉に住む大勢の家族に囲まれてにぎやかな環境の中で育った大学助教授の耕平と、両親に先立たれ、いつも亡くなった母の形見の着物を着ている菜が夫婦として結ばれ、愛情に満ちた新しい家庭を築いていくという物語だ。背景に描かれるのは四季折々の鎌倉だ。この作品は『ハートカクテル』とは違って「和」のテイストが盛り込まれている。ただ鈴木英人のイラストにも登場するビートルがしばしば出てくる。海とビートルの組み合わせも「湘南」っぽいといえるだろう。もちろんビートルも旧型モデルだ。

ただわたせのプロフィールを見ていると、神戸生まれ、北九州育ち、大学は早稲田大学なのでおそらくその辺りから「湘南」との遭遇になるのだろうか。わたせの『あの頃ボクらは若かった』（2018年）によれば、「江ノ島を望む湘南の海」と題して、「男二人海へ行く。泳ぎを競い、将来を語るなんて嘘、ナンパだ。だがナンパには行きずり感と、後ろめたさがある。友は由比ヶ浜でナンパした」と記されている。時は1975（昭和50）年とある。イラストは夏の由比ヶ浜、海の向こうに江ノ島が見えている。また「小春日和の江ノ電」では以下のように記述している。

70年代後半。ボクは〝あの頃〟に憧れていた。舞台は鎌倉、着物が日常の小津安二郎の世界には、静かな自然があった。ボクは鎌倉に住もうと思った。しかし諸事情で叶わず、作品の中で住むことに。

（『あの頃ボクらは若かった』）

時は1977（昭和52）年とあり、イラストは菜が着物を着て、陸橋の上から江ノ電を眺める構図になっている。『あの頃ボクらは若かった』は作者本人の極私的クロニクルというコンセプトなのだが、『ハートカクテル』と『菜』が作品として大きく違うのは、舞台が架空の街から現実の街に移ったということなのだろう。コメントにあるように小津の影響も少なからずあったこともわかる。また彼を最初に認めた作家の永井路子の家が鎌倉山にあって、そこを訪ねていくエピソードも盛り込まれている。つまり『ハートカクテル』はイメージとして「湘南」と被る部分はあるものの、『菜』はリアルな鎌倉を描いているといえばいいのだろうか（写真25）。

写真25　わたせせいぞう『菜』

『菜』を改めて見てみよう。この作品の特徴は鎌倉の四季折々を丁寧に描いている点にある。特に花を中心にした歳時記も添えられている。『ハートカクテル』から『菜』への展開はまるで「洋」から「和」に転じたくらいのギャップがある。確かに耕平と菜の夫婦は鎌倉の海が望める江ノ電沿線に住んでいる。極楽寺の界隈なのだろうか。ただわたせの作品はカラーなので、四季折々の鎌倉の風景も美しい。小津は晩年にカラー作品を撮っているが、その特徴のひとつに映画の中で使用する書画骨董に関しては、できる限り本物を使うという点にあった。一種の小津の美学なのだろう。例えば彼は戦後の作品に焼け跡や汚れた服装などを忌避し、吉田喜重も『小津安二郎の反映画』（1998年）で小津作品には軍服を着た人物が登場しないことを指摘している。

『菜』は単行本では全12巻、2007（平成19）年、続編の『菜〜ふたたび〜』が連載され、単行本としては全3巻となっている。菜は毎日、亡くなった母の形見の着物を着ていて、台所では割烹着を着ている。夏は浴衣、冬は袷《あわせ》というように作中に登場する着物のヴァリエーションも幅広い。またこの作品には実際の鎌倉が描写されており、看板の文字がぼかしてあったり、うまく読み取れないものもあるが、第1巻には「粥茶屋写楽」が登場している。鎌倉の深沢にある写楽の暖簾が掛かっている居酒屋だ。〆に粥というのが定番らしい。また12巻には「力餅屋」が出てくる。こちらの方は鎌倉ファンにはよく知られた店だ。場所は極楽寺・坂下、餡を餅で包んだ「権五郎力餅」が有名で、店自体は約300年の歴史があるという。この店はテレビドラマ『最後から二番目の恋』でも登場している。

『ハートカクテル』『菜』とわたせの代表作は間接、直接的に鎌倉をはじめとした「湘南」のイメージ形成に寄与していると思われる。また彼が描くイラストやポスター、雑誌の表紙なども相乗効果を上げているのかもしれない。東京の成城には常設ギャラリーもあり、育った北九州の門司港の旧大阪商船ビルには「わたせせいぞうと海のギャラリー」が2002（平成14）年に開館、また非定期的だが全国各地で展覧会も数多く開催されている現状から察すると息の長い作家になったといえるだろう。もちろん彼の作品のファンがしっかり定着しているからでもある。

先に述べた鈴木英人とは全く違った作風ではあるが、「湘南」イメージの漂う作家の一人だ。長らく神奈川大学でも教鞭を執られているが、「湘南」に近い大学ということで何かの意味はあるのだろうかと考えたくもなってくる。筆者がもっとも読んだのは年代的にもやはり『ハートカクテル』だった。当時、ラジオ局に勤めていたので、『ハートカクテル』のような世界観をショートドラマ構成で表現してみようとして幾つかの番組を制作したことを今でもぼんやり覚えている。ただその頃はわたせの世界の中に「湘南」イメージがあるということを気にしたりはしていなかった。

実は連作『ラヴァーズ・キス』『海街diary』

吉田秋生は1977（昭和52）年に『ちょっと不思議な下宿人』でデビュー、代表作には

『カリフォルニア物語』『吉祥天女』『河よりも長くゆるやかに』『BANANA FISH』『櫻の園』『YASHA-夜叉-』などがある。日本を代表するマンガ家の一人だ。その作風は骨太のペンタッチ、緻密なストーリー展開、心理描写のきめ細かさなどによって少女マンガの世界に大きな影響を与え、幅広い読者を獲得している。近年では2018（平成30）年に作家生活40周年を記念して、『BANANA FISH』がアニメ化されたことでも話題になった。

さらに2015（平成27）年に是枝裕和監督によって映画化された『海街diary』も大きな話題になった。出演は綾瀬はるか、長澤まさみ、夏帆、広瀬すずなどだった。マンガの方は2006（平成18）年から2018（平成30）年まで『月刊フラワーズ』に不定期連載していた。第11回文化庁メディア芸術祭マンガ部門優秀賞、マンガ大賞2013、第61回小学館漫画賞一般向け部門などを受賞した作品である（写真26）。のちほど触れるが、1995（平成7）年から翌年にかけて『別冊少女コミック』に連載されていた『ラヴァーズ・キス』とスピンオフの関係にあり、両作ともに映画化され、「湘南」の新たなイメージ形成に大きく寄与したといえるだろう。

写真26　吉田秋生『海街diary』

この作品は鎌倉が舞台、三姉妹の暮らす家

に異母妹が同居するというシチュエーションだ。そしてこと細かく鎌倉の風景が描かれていく。まるでその場に作者の生活の場所が存在するかのようなリアリティがある。「湘南」より鎌倉色が色濃く出ているが、海のシーンも多々、登場するので「湘南」を舞台にという拡大解釈も可能である。この作品は『ラヴァーズ・キス』と対になっている部分が多い。

『ラヴァーズ・キス』は鎌倉を舞台にして描かれる、男女6人の恋物語だ（写真27）。同じ時系列の物語を、3組、6人の視点から3回描くという手法を取っている。2000年以降、いくえみ綾も『バラ色の明日』や『潔く柔く』などで同様の手法を取っている。これも少女マンガの表現のイノベーションなのかもしれない。登場人物の一人、藤井朋章は作品の冒頭では大学生と偽って、外資系企業で働いていると偽る『海街diary』香田三姉妹の次女、佳乃と交際していたが、のちにお互いの嘘が発覚し、破局した。彼は『海街diary』にはやはり冒頭で登場し、その後の消息は登場人物の風太の口から語られ、大検を取得し、大学でイルカの研究をしている講師のサポートをしていることになっている。香田

写真27　吉田秋生『ラヴァーズ・キス』

三姉妹の異母妹、すずとは共感し合っていて、メールでもやり取りをしていることが描かれている。

『ラヴァーズ・キス』で朋章は稲村ヶ崎のマリンショップでアルバイトをしながら、長谷にあるマンションで暮らしているという設定で、『海街diary』ほど詳細な風景描写はないものの、作品の全体を通して鎌倉が感じられる内容になっている。なお、『ラヴァーズ・キス』と『海街diary』両作品に登場するのは、朋章の他では尾崎美樹、緒方篤志である。

『海街diary』の方が『ラヴァーズ・キス』に比べて、マンガ自体のボリュームの関係で、鎌倉は相当、細かく描かれている。四姉妹が暮らす家は極楽寺に設定されており、作中には江ノ電、極楽寺駅が描かれる。極楽寺界隈では地蔵堂、桜橋、極楽寺トンネル、御霊神社、そして稲村ヶ崎、二階堂、腰越漁港、鎌倉高校前、佐助稲荷、JR鎌倉駅、由比ヶ浜などが登場する。『ラヴァーズ・キス』は江ノ電・長谷駅、稲村ヶ崎駅、七里ヶ浜、北鎌倉、JR鎌倉駅、江ノ島などが描かれている。

このふたつの作品では鎌倉は落ち着いた佇まいの街と若者が集まる海岸が中心になっている。つまり鎌倉の相反する性格が浮き彫りになっている。もちろん都市には多面性があり、それが混在して、都市のイメージ形成が行われるのだろう。これらの作品は鎌倉のイメージを伝達し、かつ映画化によってもそのイメージが増幅される。『ラヴァーズ・キス』も2003（平成15）年に成宮寛貴、平山綾、宮崎あおいなどで映画化されている。

映画『海街diary』のロケ地はJR鎌倉駅、江ノ電・極楽寺駅、力餅屋、鎌倉駅、カフェ・バー麻心、佐助稲荷、衣張山、稲村ヶ崎など。映画『ラヴァーズ・キス』は一色海岸、稲村ヶ崎、腰越、江ノ電・和田塚駅、長谷駅、極楽寺駅、建長寺、若宮大路、江ノ島などだ。映画『海街diary』はラストの稲村ヶ崎の海岸を歩く四姉妹のシーンが印象的で、まさに「湘南」の持つひとつのイメージそのものだった。

鎌倉や「湘南」はこの作品ではひとつの生活空間として描かれている。首都圏に隣接しているが、隔絶した独立空間である。そこに東京は出てこない。そこで四姉妹が生活を営み、泣き笑い、地域の人々の繋がりを大事にしていく。「湘南」が際立つのはそういった部分があるからなのだろう。移住者が多いのは納得のいくところだ。確かに現実的には東京への通勤、通学客も一定の数はいるのだが、イメージとしては独立性が高い。ブランド総合研究所による2018(平成30)年の「地域ブランド調査」の市町村ランキングでは鎌倉が8位、茅ヶ崎が51位、逗子が72位であった。

藤沢が100位には入っていないのは、おそらく「湘南」が藤沢よりも知名度が高いからではないだろうか。以前、湘南藤沢フィルム・コミッションにヒアリングに行った際、担当者がそのようなことを言っていたのを覚えている。設立時に藤沢のネームヴァリューを向上させる意図があったようだ。「湘南」を形成する都市の中では、もっともイメージが被るのが、象徴的な存在の江ノ島を抱える藤沢だからだ。

さて『ラヴァーズ・キス』『海街diary』に話を戻そう。吉田秋生は紛れもなく日本を代表するマンガ家だ。この点も重要だ。後述する『スラムダンク』や『鎌倉ものがたり』なども作家の知名度が意味を持つ。彼らが「湘南」を描いてくれることが、「湘南」のイメージ伝搬に多大な貢献を果たしていることがわかる。いわゆるイメージやブランドのひとつの担保といえるのだろう。その作家が描く地域に、ユーザーが関心を持つのは至極、当然のことだ。つまり「湘南」の付加価値が高まるといっても過言ではない。

さて『海街diary』だが、連載は一応、終了した。しかし登場人物がこれから「湘南」でどのように生きていくのかに想いを馳せるのも、また作品の楽しみ方のひとつである。

魔界の都・鎌倉

鎌倉は武士の都だった。それゆえに悲劇の物語が埋もれている。それが魔界の話へ繋がっていくのだろうか。犬懸坂祇園は『鎌倉地図草紙－異界を歩く－』(2004年)で鎌倉時代後の観光名所でなく、鎌倉時代前後に勃興した異界のイメージを本能的に感じそれを求めて探訪を重ねるのであろうと述べている。

西岸良平は『三丁目の夕日』も有名だが、その素朴でほのぼのとしたタッチが多くの読者をひきつけている。本格的なデビューは1972(昭和47)年、『夢野平四郎の青春』だからもう長い間、描き続けていることになる。『三丁目の夕日』は１９７４（昭和49）年から『ビッグコミックオリジナル』に現在まで連載中だ。２０１３（平成25）年からは毎月1作の連載にページダウンをした。30年以上も続く長期連載作品である。

『鎌倉ものがたり』（写真28）は１９８４（昭和59）年からの連載、最初は『漫画アクション』、現在は『まんがタウン』に連載されている。こちらも長期連載中の作品である。

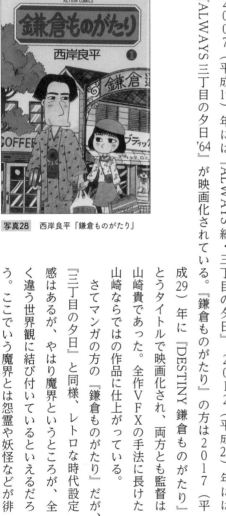

『三丁目の夕日』は２００５（平成17）年に『ALWAYS三丁目の夕日』として映画化され、２００７（平成19）年には『ALWAYS続・三丁目の夕日』、２０１２（平成24）年には『ALWAYS三丁目の夕日'64』が映画化されている。『鎌倉ものがたり』の方は２０１７（平成29）年に『DESTINY鎌倉ものがたり』というタイトルで映画化され、両方とも監督は山崎貴であった。全作ＶＦＸの手法に長けた山崎ならではの作品に仕上がっている。

写真28　西岸良平『鎌倉ものがたり』

　さてマンガの方の『鎌倉ものがたり』だが、『三丁目の夕日』と同様、レトロな時代設定感はあるが、やはり魔界というところが、全く違う世界観に結び付いているといえるだろう。ここでいう魔界とは怨霊や妖怪などが徘徊する場所という意味だろうか。魔界は仏教においては、仏界の対立概念であるとされるが、現代ではファンタジーや伝奇小説などのフィクションにおいては、悪魔や妖怪、怪物、魔物などが住む異世界として描かれることが多い。

主人公はミステリー作家で探偵の一色正和、年齢より若く見える妻の亜紀子を中心に物語が展開していく。彼らの親戚、友人、出版社、警察署とさまざまに絡んでいくが、やはり特筆すべきは魔物たちだろう。西岸良平のタッチの最大の特色は、独自のスタイルを追求し続けた結果としての、徹底的な様式化、書割風の街並み、破線の同心円が特徴的な夕日などが挙げられる。また人物の顔の表現にも独創性が見られる。また彼は鉄道ファンとしても知られ、『三丁目の夕日』では湘南電車や都電、『鎌倉ものがたり』では江ノ電や横須賀線などを積極的に登場させていることでも知られる。

鎌倉市では『DESTINY 鎌倉ものがたり』の公開を契機に、市内にマンガ『鎌倉ものがたり』に所縁の名所の案内板を設置した。目的としては鎌倉が抱える観光客の特定の場所、地域への集中の緩和ということだ。選ばれた名所は①葛原岡神社 ②十二所 ③鎌倉国宝館 ④鎌倉市中央図書館 ⑤鎌倉市役所本庁舎であった。鎌倉は近年、観光客のオーバーユース問題を抱えていることから、それほど観光客が多くないところが指定されたということなのだろう。

しかし30年以上の連載ということで、この作品は鎌倉を網羅した内容になっている。この作品自体が鎌倉のガイドブックになっているといっても過言ではないだろう。寺社をはじめとして鎌倉の名所旧跡はほとんど登場している。もちろん架空のものもあるが、大半が実在するものだ。主人公の一色夫妻は長谷に住んでいるといった設定で、「湘南」要素を持っている場所は材木座、七里ヶ浜、由比ヶ浜、江ノ島、葉山などであろうか。もちろん作品のタイトルが『鎌倉ものがたり』なので鎌倉色が強い作品になっているが、「湘南」もイメージとして若干、混在しているといえる。

この作品の独創性は、鎌倉の特徴である歴史の部分を再解釈した点にあるのだろう。しかも単に史実を踏襲するだけではなく、その史実が生み出した説話や寓話を作品の中に上手に取り込んでいる。また鎌倉は魔界と繋がっていて、夜になれば百鬼夜行状態になる。なので住民と魔物が顔見知りだったりもするし、魔物が迷惑行為などで普通に警察に捕まったりもする。ある意味では突き抜けた世界観に支えられた作品ともいえる。

『三丁目の夕日』の際もそうだったと思うが、『鎌倉ものがたり』も映画化は、マンガの読者以外の新たなファンを獲得することに効用があったはずだ。つまりメディアがミックスするということにより、西岸良平の世界が一層、幅広い人々に伝達されるのだが、その反面、マンガはマンガで実写映画にはして欲しくないという向きの、コアなファンも一定数はいるのだと思う。

実際にマンガに登場する店舗も実在のものが多い。鎌倉を代表する鳩サブレーの豊島屋本店、老舗の井上蒲鉾店、羊羹が有名な松花堂、すでになき喫茶店の門などだ。もちろん架空の店舗が大半だが、微に入り細に入り鎌倉を網羅した作品だといえるだろう。鎌倉観光の先導者は水戸光圀といわれているが、年間観光者入れ込み数約2100万人を誇る観光都市になった鎌倉だ。『鎌倉ものがたり』を参考にしながら、新たな鎌倉巡りも乙なものかもしれない。2017年には双葉社から『鎌倉ものがたり』読本が映画化を記念して出版されている。ご一読をお勧めしたい。

『スラムダンク』の中の「湘南」

井上雄彦の『スラムダンク』は世界で1億冊以上セールスした大ヒット作だ（写真29）。日本のファンはおそらくマンガから入っていると思うが、アジアの諸国ではアニメから入ったファンが多いのではなかろうか。特にバスケットボール人気の高い中国、フィリピンなどでは根強い人気がある。

現在、中国人を中心に鎌倉高校前の駅の辺りには大勢の『スラムダンク』ファンがあふれている。鎌倉市役所で警備員を配置しているくらいだ。中国人の留学生に聞いてみると、江ノ島や鎌倉を結んだ線でのひとつの観光名所になっているとのことだから、彼らは「湘南」を回遊しているということになる。鎌倉高校の校舎は、作品中の湘北高校のライバル校である陵南高校に酷似しているといわれている。

中国人が『スラムダンク』を好むのは、日本のアニメが放送解禁になった１９８０年代の作品だからだという。つまりその頃、少年だったファンが鎌倉高校前を聖地として訪れたのが始まりだそうである。日本よりも中国で愛されている不思議な作品といえるだろう。ポップ・カルチャーは国境を超える力を持っている。つまり同時に「湘南」もすでに国境を越え始めているのかもしれない。

井上雄彦はもはや日本を代表するマンガ家だ。彼は鹿児島県の大口で生まれ、大学時代は熊本で暮らし、その後、中退しマンガ家を目指した。１９８８（昭和63）年に第35回手塚賞入選の作品『楓パープル』でデビュー。この作品はバスケットボールをテーマに、主人公の流川楓のほか、その後の『スラムダンク』のキャラクターの原型が登場している。また絵の上手さというか、その表現力には定評があり、現在、連載中の作品には『バガボンド』『リアル』があり、ともに好評価、好セールスである。前者は宮本武蔵、後者は車椅子バスケットがテーマになっており、社会的影響力の強い作家の一人だといえよう。

写真29　井上雄彦『スラムダンク』

さて『スラムダンク』は「湘南」が舞

台だ。不良少年の桜木花道がバスケットボールと出会い、成長する姿を描くという展開になっている。花道以外の登場人物も魅力的で、『ダ・ヴィンチ』調べによるマンガ家、評論家、書店員、読者の総勢808人が選んだマンガ史50年の中のコミックランキングで第1位になった。この作品は『週刊少年ジャンプ』の絶頂期の連載、高校の部活動が読者層とうまく合致した。

「湘南」は青春時代のイメージも当然、持ち合わせている。若者たちが躍動する「場」としてマッチングするのだろう。またのちほど詳しく述べることになるが、桜木花道も不良というか、ヤンキーの一人である。もちろん青春には光と影があり、社会にうまく適応できない若者たちもいる。『スラムダンク』は一人の若者の社会への適合物語であるのかもしれない。

アニメでも江ノ電・鎌倉高校前の踏切がオープニングショットになっているが、しかし不思議なのは『スラムダンク』＝「湘南」というイメージを持ち得ている。ただマンガもアニメも作品中に具体的な場所はほとんど描かれない。踏切以外は江ノ島、烏帽子岩、平塚総合体育館、秋葉台文化体育館、そして江ノ電などである。

同時期に浅田幸弘『I'll』というバスケットボールをテーマにしたマンガがあった。この作品は国府津高校が舞台で、やはり架空だが神奈川県内を想起させる高校が幾つか登場する。西湘が主な舞台になっているが、エリア的には「湘南」マンガといってもいいかもしれない。現在も連載中の、日向武史『あひるの空』も舞台は川崎だが、ライバル校には藤沢菖蒲高校などという校名の高校も出てくる。高校バスケットボールといえば神奈川がイメージされるのだろうか。

バスケットボールマンガと「湘南」、これもとても面白い論点だ。サーフィン、ヨットなどのマリーンスポーツのみならず、「湘南」にはスポーツと整合性のあるイメージが形成されているようだ。だから高校の部活との結び付きも強くなるのだろうか。「湘南」への聖地巡礼に『スラムダンク』が果たした役割は途方もなく大きく、イメージ形成においても大きな役割を果たしている。

また従来の若者文化とはテイストの違う、ヤンキー色が幾分、混じった新たな若者文化の創出にも寄与している。価値観の多様性の時代に突入してきたということなのだろう。一概には括れない多様性のある若者文化、そのひとつの流れの源流が『スラムダンク』にあるというのは、少し言い過ぎであろうか。連載は1996（平成8）年に終了、井上は気が向いたときに再開するかもしれないといっているが、すでに20年以上の月日が流れている。しかし単行本、完全版、新装版と現在でも作品自体は色褪せることなく存在している。そして冒頭、述べたように中国人や台湾人などのインバウンド観光客を「湘南」に今でも数多く集めている一種のキラーコンテンツになっている。

『ピンポン』の中の「湘南」

松本大洋は決してマンガ界の王道を行く作家ではない。ただ固定ファンをきっちり持っている作家だ。それでも『竹光侍』では、第11回文化庁メディア芸術祭優秀賞、第15回手塚治虫文化賞マンガ大賞を受賞している。絵柄や画面構成に関していえば、作品ごとに大胆に変えるという傾向が強い。また寡作の作家という印象も強い。筆者が最初に彼の作品に出会ったのは、確か『花男』だったと思う。大人のような考え方、言動をする小学生の茂雄が、昔、家を出て行ったきりの野球好きでジャイアンツへの入団を夢見る子供のような父親の花男と、母の一言がきっかけになって夏休みの間、一緒に住むという物語だった。そういえば花男が住んでいるのがまさに藤沢、この節では「湘南」を舞台にした『ピンポン』について書こうと思っていたのだが、その伏線が『花男』だったということに今更ながら気がついた。

写真30 松本大洋『ピンポン』

『花男』は1991（平成3）年、『ビッグコミックスピリッツ』に連載、1993（平成5）年には『鉄コン筋クリート』がやはり同誌に連載されるが、そういえば『鉄コン筋クリート』にも藤沢の街が描かれていた。どうやら調べてみるとこの時代に、彼は片瀬に住んでいたという。納得である。

『ピンポン』は微に入り細に入り「湘南」が片瀬を中心に描かれている。『ピンポン』は1996（平成8）年から同誌に連載、翌年まで55話続いた（写真30）。物語は片瀬高校の卓球部の天才肌で自由奔放な星野（ペコ）と内気で無口な月本（スマイル）の成長物語だ。彼らは子供の頃からタムラ卓球場で切磋琢磨して腕を磨いてきた。そして彼らに対抗してくるライバル高校の選手たち、対極な二人がそれぞれの卓球とどう向かい合っていくのか、物語自体もとても面白い。

2002（平成14）年に窪塚洋介、ARATA（井浦新）の主演で映画化された。また2014（平成26）年にはフジテレビでアニメ化された。マンガの作中に登場する「湘南」の風景は数多く、弁天橋、片瀬西海岸、エスカー乗り場、江ノ島神社辺津宮、旧江ノ島植物園、旧江ノ島展望台、江ノ電鵠沼駅、江ノ電湘南海岸公園駅、片瀬諏訪神社、JR藤沢駅傍ゲームセンター、旧江ノ島水族館、片瀬東浜交差点、小田急片瀬江ノ島駅などだ。映画のロケ地は江ノ島、江ノ電・鎌倉高校前などが使われているが、高校のシーンはほとんど茨城県常総市で撮影が行われた。アニメはほぼ原作に準じている。

実際、この作品はまさに「湘南」マンガである。高校生がスポーツと向き合いながら生活を送る空間が「湘南」なのである。さまざまなコンテンツはテレビドラマ『俺は男だ！』以降、「湘南」のスポーツと青春群像を題材にする傾向が強くなり、おそらくマンガの領域でもその世界が定番化したのだろうか。ただ『ピンポン』は単なる青春謳歌の物語ではない。成長期の少年たちが持つ心の屈折を丁寧に描いてもいる。それは松本大洋の独自の視点からものものだ。作品には独自性が必要であり、それが多くの読者を引きつけていく。

『ピンポン』は松本大洋29歳のときの作品で、『花男』は24歳のときの作品だ。一見、木版画のような力強い筆致、大胆なコマ割り、背景の緻密な描き込み、斬新な効果音の表現、間の取り方、そして作者の弱者への限りなく優しいまなざし、それが彼の世界だ。しかし20代で自分の世界を構築したことに関しては見事としかいえない。そして彼の作品は原作をはじめとして映画、アニメの領域でも「湘南」のイメージ形成に大きく寄与したといえるだろう。

その独自の世界観、表現によって、「湘南」のイメージに深さを与えたといえるのではないだろうか。人生の機微に満ちあふれた作品群はもちろん日本のマンガ史の中でも語り継がれていくに違いない。『ルーブルの猫』以降、新作は発表されてはいないが、やはり今後の動向が気になる作家の一人である。

『南鎌倉高校女子自転車部』と『とめはねっ！鈴里高校書道部』に見る部活動

最近の事例をふたつ挙げよう。松本規之『南鎌倉高校女子自転車部』はイラスト集がマンガになって、その後、アニメ化されたというプロセスを取った（写真31）。マンガは『月刊コミックブレイド』に2011（平成23）年に連載が開始された。長崎から鎌倉に引っ越してきた主人公の女子高校生は自転車に乗れなかったが、友人に教えてもらうことで自転車の楽しみを知る。そして友人たちと南鎌倉高校に自転車部を作ることを決める。学校からの部の正式許可を得るための実績作りに精を出す。暗中模索の中、彼女たちは多くのことを学んでいくという物語である。

マンガではJR鎌倉駅、由比ヶ浜海水浴場、力餅屋、坂ノ下、佐助稲荷、御霊神社、

写真31　松本規之『南鎌倉高校女子自転車部』

鎌倉大仏、江ノ電・極楽寺駅、七里ヶ浜高校、江ノ島などが描かれている。

この作品は2015（平成27）年にアニメ化が発表され、2017（平成29）年にAT-XやTVKなどで放送された。またインターネットでの配信も実施された。アニメのキービジュアルでは江ノ電の極楽寺駅前に佇む主人公たちが描かれており、鎌倉及び「湘南」を意識したものになっている。自転車はブリヂストン、ミヤタ、ジャイアントなどの協力を得ており、作中に実物と同名、同型のものが登場している。これは一種のプロダクトプレイスメントといえるだろう。

プロダクトプレイスメントは広告手法のひとつで、映画やテレビドラマなどの作品中におい

て、背景や小道具などで実在する企業名、商品名を表示させる手法のことである。一般的には1955（昭和30）年公開のハリウッド映画『理由なき反抗』で、J・ディーンが作品中で使用していた櫛に、観客からの問い合わせが映画会社に殺到して、それが新しい宣伝ビジネスモデルになることに気がついた各映画会社は、これ以降一般企業との作品中広告でのタイアップを開始する。

著名なのは1961（昭和36）年公開の『ティファニーで朝食を』であろう。この作品はT・カポーティの小説の映画化だが、A・ヘップバーン演じる主人公はマンハッタンに住むパーティガールで、富裕層の男性と結婚することを夢見ている。そんな彼女は心が沈むと、5番街にある高級ジュエリー店「ティファニー」のウィンドウを眺めつつパンとコーヒーを手にして、朝食を取って気分を和らげているという設定なのだが、この映画によって「ティファニー」が世界的に有名なジュエリー店になっていくことは自明のことであろう。まさに典型的なプロダクトプレイスメントの効果である。

昨今ではアニメでもこの手法が注目されるようになってきた。国内でいえば古くは『サザエさん』が代表的な作品であろう。1社提供だった1990年代までは、オープニングの市街地シーンにはほぼといっていいほど、「東芝」もしくは「TOSHIBA」の看板が掲げられていた。また作品中の磯野家の冷蔵庫等の家電製品には、社のロゴが描かれていた。またこの手法は2000年以降、毎日放送制作のアニメでは常套手段になっていた。

写真32　河合克敏
『とめはねっ！鈴里高校書道部』

ただ近年では聖地巡礼も相まって、アニメの訴求力が注目されてきているので、このような手法も目につき始めている。2017年に大ヒット作品となった新海誠監督の『君の名は。』での企業とのタイアップが象徴的であろう。糸守の自動販売機のサントリー「BOSS」もそのままだし、山手線のドア窓広告の「Z・KAI」までリアルに再現されている。また前作の『言の葉の庭』でも同じくサントリー「金麦」や「ダイアナ」の靴などが登場している。実際のビジネスモデルとしては『君の名は。』では、新海監督が別途、サントリー「天然水」のテレビコマーシャルを制作しているところから見て、いわゆる直接的なプロダクトプレイスメントの広告収入という形は採っていないと見ることができる。

『南鎌倉高校女子自転車部』をはじめとして、これまで紹介してきたマンガには体育会系の作品が多かったが、文化系の作品もある。代表的な作品は河合克敏の『とめはねっ！鈴里高校書道部』である（写真32）。鈴里高校は鎌倉という設定で、ライバル校は鵠沼学園である。この作品は2007（平成19）年から『週刊ヤングサンデー』に連載され、その後、『ビッグコミックスピリッツ』に引き継がれた。2010(平成22)年にNHKでテレビドラマ化されている。進学校の高校の書道部の物語である。テレビドラマで七里ヶ浜高校がロケに使用されている。

考えてみると「湘南」には名門高校が多い。現在でも私学では東京大学進学者数で神奈川県下1、2の鎌倉の栄光学園高校、旧制開成中学の分校として開校した逗子開成高校、桑田佳祐の母校、鎌倉学園高校、近年、台頭してきた慶應義塾湘南藤沢高校、公立では戦前からの名門高校である湘南高校、やはり歴史のある鎌倉高校など列挙にも暇がない。神奈川県では名門高校は横浜に集中しているものの、「湘南」も負けてはいないだろう。つまり「湘南」は文武両道のエリアともいえる。

進学校の書道部という設定にも一定の説得力がある。「湘南」には文化系の基盤も充分にあるということだ。これまでの傾向としてマンガは「湘南」の高校生の一部を描いてきたが、後述するアニメ『TARI TARI』や『つり球』も文化系の範疇に入る高校生がメインだ。体育会系、そして次節で触れるヤンキー以外の、もっとも一般的な普通の高校生がマンガやアニメの主役に躍り出たわけだ。おそらくこの手の作品が増えると「湘南」はまた健全な高校生が生活をする空間というイメージが形成されていくはずだ。次から次へ新たなイメージを獲得していく「湘南」の不思議さはそこにあるのだろう。固定化はせず、個々に相応しい「湘南」イメージを提供していくのである。

ヤンキーと「湘南」

『スラムダンク』のところでも多少、触れたが、「湘南」の紛れもないひとつのイメージにはヤンキーがある。しかしいつから「湘南」にヤンキーイメージが着くようになったのだろうか。ヤンキーという言葉はもともとアメリカ南部での、北部諸州の人々の俗称だった。現在ではアメリカ人全体を指す言葉にもなっている。しかし日本のヤンキーはそれとは異なる。

一般的には関西が語源とされるが、諸説あってはっきりはしない。例えば大阪のアメリカ村で、1970年代から1980年代にかけて派手なアロハシャツを着て、太いズボンで繁華街を闊歩する若者をヤンキーと呼ぶようになったとか、「ヤンチャしてる」「ヤーサン」から来ているとか、いろいろ存在する。しかし以下のような説もある。

不良のことは〝ツッパリ〟と呼んでいた。不良をヤンキーと呼ぶようになったのは1980年代からだったのではないか。

(永江朗「ヤンキー的なるもの」『ヤンキー文化論序説』に所収/2009年)

ツッパリに関しては、1980年代によく使われた不良少年を指す言葉だ。1981(昭和

56）年に横浜銀蝿がヒットさせた「ツッパリ High School Rock'n roll（登校編）」がそれを象徴しているだろう。そういえば彼らには「雨の湘南通り」という楽曲もあった。横浜と「湘南」が隣同士ということもあって、生活圏が交錯していたのだろう。彼らはツッパリを象徴するバンドだったが、その前に活動していたキャロルやクールスも革ジャンとバイクというイメージが濃かった。

しかしヤンキーに関しては異論もある。例えば「VANやジ・アザーなどに見られたスタイルを、ヤンキーと呼ぶようになり、それが二年前くらい前から高校生の間に広がっていったようだ。このヤンキーファッション。元来が米兵の遊び着スタイルである」（『生活ファッション考』今井俊博著／1974年）というように、どうもツッパリとは異なるものだという説だ。また清水ちなみの『日本一の田舎はどこだ』（1996年）では、本文中で「チーマーみたいなやつがいるけれど紙一重なので、ここはヤンキー＝チーマーというハンパなところ。ヤンママも多い。バリバリミキハウス着て茶髪なママがかたまってる。（神奈川）」というように「湘南」とエリアが被る地域にこのような指摘がある。ここでは暴走族やヤンキーは田舎の代名詞になっているようだ。

1970年代には全国各地に暴走族が勃興し、佐々木飛朗斗、所十三のマンガ『疾風伝説特攻の拓』は横浜が舞台だ。野球マンガではあるが大島やすいちの『バツ&テリー』にも暴走族が登場するが、舞台はやはり横浜、「湘南」とは別に暴走族やヤンキーイメージの濃いところもある。首都圏では『カメレオン』の舞台の千葉も挙げられようか。ともあれ若者文化にはポジティブな側面のみならず、ネガティブな側面もある。つまり光り輝く世界ばかりだけではなく、闇の世界もあるのである。

それは『太陽の季節』に登場する若者とも幾分、相違する。無軌道な部分は共通するが、違うのは階層だ。太陽族は富裕層の子弟が中心だったが、ヤンキーはどちらかというと下層階級の子弟が多いという印象が強い。基本的に周囲を威嚇するような強そうな格好をして、仲間からは一目、置かれたいというスタイルが一般的だ。番長、スケ番などもこの文脈に位置すると考えてもいいだろう。番長は喧嘩には強いが仁義に厚く、子分の面倒見もよく、弱い者いじめを許さないという、いわゆる侠客に準じた性格を有するものだ。

番長は弊衣破帽、学ランに下駄履きという本宮ひろしの『男一匹ガキ大将』に見られるバンカラファッションのイメージもあるが、ただ前時代の遺物という捉え方もされている。高口里純のマンガ『ロンタイBABY』は1988（昭和63）年の作品だが、1974（昭和49）年の時代設定になっている。「ロンタイ」とは、校則違反のロングでタイトなスカートの意味だ。つまり当時のスケ番の典型的なツッパリファッションである。つまり番長、スケ番は1970年代が最盛期だったのだろう。

さてヤンキーを題材にしたマンガを幾つか見てみよう。吉田聡『湘南爆走族』は1982（昭和57）年から1987（昭和62）年まで『少年KING』に連載された（写真33）。作品は

写真33　吉田聡『湘南爆走族』

ヒットし、映画化、アニメ化もなされた。短縮形で『湘爆』と呼ばれていた。作家の吉田聡は福岡生まれだが、辻堂で育った。作品の背景にはその経験があるのだろうか。物語は「湘南」を舞台にリーダー江口洋助をはじめとする暴走族「湘南爆走族」のメンバーと、地獄の軍団などの他の暴走族などの登場人物やグループも絡めての友情や恋愛を描いたものだ。ギャグを交えて、喧嘩、バイクバトルが満載で、グループ間の抗争はシリアスに描かれている。また主人公の江口洋助のみならず、個性豊かな登場人物の個々のエピソードも大事にしており、それが物語の展開に奥行きを与えている。

おそらく『湘南爆走族』は「湘南」と暴走族について触れた初めてのマンガ作品かもしれない。舞台は辻堂、茅ヶ崎などとされるが、最大の聖地は国道１３４号線であろう。１９７５（昭和50）年には七里ヶ浜事件が起きている。この事件はブラックエンペラー、スペクターの東京とPIERO、ホワイトナックルスの暴走族が国道１３４号線で激突したもので、最初は小競り合いだったのが、集団心理で数百人単位の激突になり、この事件を契機に警察の取り締まりは強化され、暴走族はそれに反発するように内部抗争を激化させた。

1986（昭和61）年には東映動画（現東映アニメーション）にてOVA化される。第1作から大ヒットし、この流れで映画化された。この映画も評判を呼び、主演の江口洋介は原作の江口洋助と同じ読み方であるが、これはあくまで偶然である。また織田裕二、清水美沙のデビュー作としても知られている。この作品は東映「ツッパリ三連打」と銘打たれたシリーズでは『スケバン刑事』『ビー・バップ・ハイスクール』の後に公開された。

2017（平成29）年に吉田聡は『そのたくさんが愛のなか。』を『ビッグコミック』に連載した。56歳になって一色海岸の見える「湘南」に帰ってきた元ヤンキーが昔の仲間と再会し、青春を取り戻していく物語だ。『湘南爆走族』の権田二毛作も登場するので、『湘南爆走族』のファンにも特別の作品になっている。しかしやはりここでも暴走族やヤンキーだった中高年の物語の舞台は「湘南」なのである。

写真34　藤沢とおる『湘南純愛組！』

藤沢とおる『湘南純愛組！』は1990（平成2）年から『週刊少年マガジン』に連載された「鬼爆コンビ」と呼ばれた鬼塚英吉、弾間龍二を主人公としたヤンキーの物語だ（写真34）。もちろん必須アイテムとしてバイクも重要な位置を占める。当初はラブコメ路線だったが、徐々に不良ものの色合いを濃くしていった。「鬼爆コンビ」は不良の巣窟である極東高校を仕切っていたが、学校から退学通告を受け、ヤンキーから普通の高校生に戻るために、与論島でのバイト生活を経て、辻堂高校に転校する。

しかしそれも叶わぬ夢で、再び不良たちの抗争に巻き込まれていくことになる。ただ彼らが伝説化することに嫌気を指し、「湘南」を離れる決意をする。そして鬼塚は中学の教師になり『ＧＴＯ』に続いていく。もちろん弾間も登場し、バイク屋の店主になっている。ただし舞台は「湘南」ではなく、吉祥寺に変わっている。

基本的には辻堂高校ということもあり、鬼塚がバイクで３００キロをマークしたのが西湘バイパスだったり、いわゆる「湘南」界隈が描かれている。２０１６（平成28）年４月30日の『FLASH ダイヤモンド』増刊号では作者の藤沢とおるが以下の発言をしている。

担当編集から『次はヤンキーもので書いてみないか』と誘われたんですね。もともと、自分は横浜銀蝿や金八先生世代なので、ヤンキーには詳しかったですし、即ＯＫしました。最初は高校時代を過ごした北海道を舞台にする予定だったのですが、担当から『北海道なんて売れねえぞ、湘南だよ！』と言われてタイトルも決まりました（笑）。

１９８０年代がヤンキーの全盛期だが、現在では「旧車會」という、元暴走族でバリバリだった人たちが趣味でバイクを乗っている組織もあるという。「湘南」では元ヤンキーだったのに、現在ではサーファーになった人もいるらしい。ただ「湘南」がヤンキーのメッカだったというのは、あくまでコンテンツがイメージ形成に関与したといえる。『湘南純愛組！』が連載されていたのは、ドラゴンボール完結後、『週刊少年マガジン』が『週刊少年ジャンプ』を発行部数で抜いたときで、このときは『週刊少年マガジン』には『湘南純愛組！』のほかに『カメレオン』『特攻の拓』が連載されて、いわゆるヤンキー路線が人気を集めたのだといえよう。『週刊少年ジャンプ』は『ろくでなしBLUES』、『週刊少年サンデー』は『今日から俺は!!』というヤンキーマンガを連載していた頃だ。もちろん青年誌にもヤンキーマンガが連載され、まさにヤンキーが必要以上に注目されたといえるのではないだろうか。

先ほど触れたようにヤンキーマンガは舞台が首都圏、また『BAD BOYS』のように広島、『ビー・バップ・ハイスクール』は福岡というように、「湘南」以外が舞台になっている作品も意外と多い。しかし「湘南」がヤンキーのイメージが濃いのは、おそらく後に述べる『ホットロード』も含めてヤンキーマンガの代表作が多いからなのだろう。また実際のイメージから見ると、2014年に実施されたJタウンネットのアンケート調査「ヤンキーが多そうな都道府県は？」（図10）によると、茨城、千葉、福岡、大阪、沖縄、神奈川、広島、栃木、埼玉、群馬の順位になる。有効回答者数は3564人、茨城が千葉の倍を獲得している。

こうしてみると「湘南」のヤンキーイメージ形成にもコンテンツが大きな影響を与えたとい

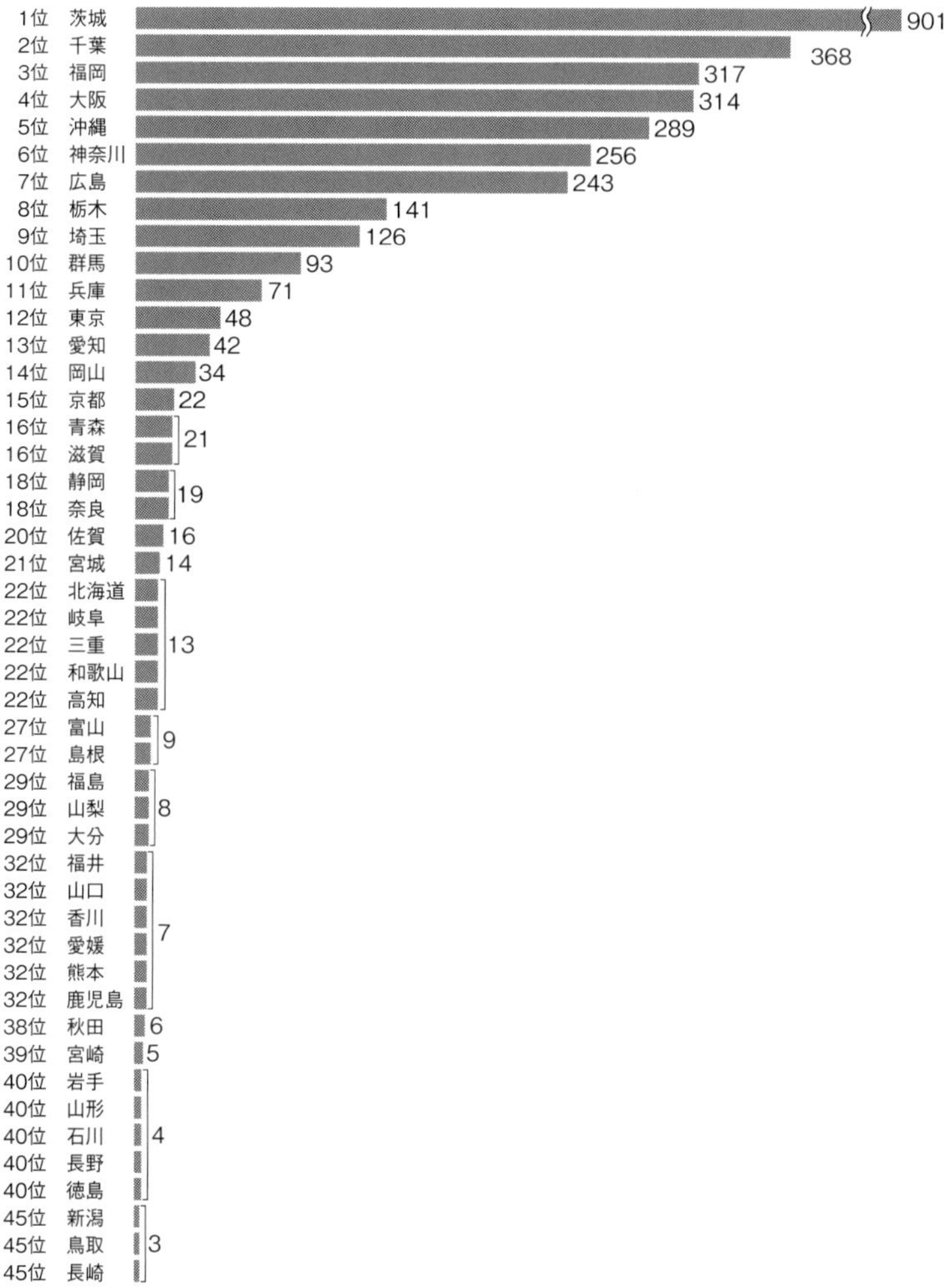

図10　「全国ヤンキーが多そうな都道府県は？」（Jタウンネット／2014）

えるだろう。さて紡木たくの『ホットロード』は1986（昭和61）年に連載が開始されている（写真35）。単行本は約700万部を売り上げてもいる。暴走族と恋愛を謳った作品には後藤ゆきお原作、牧野和子作画の『ハイティーンブギ』があったが、この作品の舞台は横浜だ。『ホットロード』は悩みを抱えながら、暴走族に憧れ、仲間に入って不良の道を歩んでいく14歳の少女、和希とバイクに命を懸けて暴走する春山の青春の一コマが描かれる。

作品の特徴はその画風にある。輪郭の省略や少女マンガに必須だった大きい瞳の排除、言葉も詩的で、含蓄に富んでいる。ある意味で革命的な少女マンガだった。そして暴走族と純愛というテーマが切なく、眩しい世界を提示してくれた。ギャグもあまりなく、あくまでもシリアスなヤンキーが描かれた。しかし驚いたのは2014（平成26）年の映画公開だった。原作の連載から25年以上たっての映画化で、紡木たくも脚本監修として参加している。

主演は前年にNHK朝の連続ドラマで脚光を浴びた能年玲奈（現のん）で、紡木がようやくイメージに合うということで映画化を許可したといわれている。映画は公開6週目の時点で動員約177万人、興行収入約22億円、その後も公開延長になった。紛れもなくヒット作品だといえよう。現在でもそれだけの訴求力を持った原作だった。時代からヤンキーや暴走族が消えていっている昨今に、これだけの支持を集めたのは能年が主演したこともあるだろうが、やはり原作の力なのだろう。

「湘南」の瑞々しい風景がまたこの作品の重要な要素である。紡木は横浜の出身、おそらく

「湘南」は身近な存在だったのだろう。マンガでも「湘南」の風景は江ノ島のみならずコンビニエンスストア、防潮堤などに至るまできめ細かく描かれている。この作品も当時の少女と少年の心の交流を繊細に映し出しているが、翌年、連載が開始された『瞬きもせず』では舞台を山口にし、連載時にはたびたび山口に通い、連載終了後も一時期、山口に住んでいたという。

この作品も少女マンガの作品に地方社会を取り入れたことで、のちの作家にも大きな影響を与えたとされる。2018（平成30）年の『くらもち本～くらもちふさこ公式アンソロジーコミック～』ではくらもち自身が『天然コケッコー』での、紡木の影響について述べている。方言を使う勇気を与えてくれたのが、『机をステージにして』だというコメントが印象深い。確かにくらもちもそれ以前は東京を舞台にした作品が多く、『天然コケッコー』の舞台設定は意外な感じがしたことを筆者も覚えている。そういう意味では紡木は日本の少女マンガの世界では忘れてはいけない作家の一人だ。

さて『ホットロード』は前掲したように映画化されている。三浦から江ノ島までがロケの範囲だ。もちろん東京や横浜のシーンもあるが、大半が「湘南」だ。大抵の場所は特定できるし、海が見える風景が多く、キーショッ

写真35　紡木たく『ホットロード』

トには江ノ島が映り込んでいるものもある。まさに「湘南」映画に仕立て上がっている。原作同様、そこには暴走族と「湘南」の関係が色濃く見える。

従来の「湘南」イメージに新たなイメージを付加したのはヤンキーだった。これで紛れもなく全階層に対応できる「湘南」が完成したといえるだろう。「湘南」はオールマイティなイメージを持っている、不思議な空間になった。それぞれの憧れの場所になったともいえる。全国でも珍しいブランディングである。それが現在の「湘南」の魅力になっているのだ。

原田曜平はその後のヤンキーの変化を追いかけ、マイルドヤンキーの存在が新たな消費を生んでいると論じた（『ヤンキー経済　消費の主役・新保守層の正体』／2014年）。彼らは「上『京』志向がなく、地元で強固な人間関係と生活基盤を構築し、地元からも出たがらない若者たち」のことだという。そしてヤンキーコンテンツはもはやファンタジーともしている。確かにかつて彼らが疾駆した時代があったことは紛れもない事実だ。しかしその時代が「湘南」にひとつのイメージをさらに付加したのだといえよう。

しかし最近の話題のひとつに1988（昭和63）年から『増刊少年サンデー』、1990（平成2）年に『週刊少年サンデー』に連載され、単行本の累計発行部数が4000万冊を超える西森博之の『今日から俺は!!』が2018年10月から日本テレビでドラマ化されて注目を集めていることがある。これまでも映画化、OVA化、Vシネマ化されてきた作品だが、何故、この時代にテレビドラマ化され、人気を集めているのか、不思議である。監督は映画『銀魂』

やテレビドラマ『勇者ヨシヒコ』などを手掛けた福田雄一、キャストは賀来健人、伊藤健太郎、清野菜名、橋本環奈というラインナップも強力だった。

「今日俺がドラマ化するかも…。そう言われたのはいつの頃だったか。実は『お茶にご』と『道士郎』で何度もそういう話があったのです。しかし、やっぱりなしになりました。そんなドラマはしません。他のにします。（そっちの方がいい作品ですからヒヒヒ）何度もそう言われ続けた僕は、今回もそのパターンだとまるで期待していませんでした。しかし、コメントとか…やるのかな？本当に？なんでも、時代性をまんまでやりたいとか!?ぐ、具体的だなあ。本当にやるのかなあ？」（日本テレビ『今日から俺は!!』オフィシャル・サイト）と原作者の西森博之は述べている。

古き良き時代の回顧だったのだろうか。それとも温故知新ということだったのか。答えは容易に見つからないが、プロデューサーがこの作品を大好きだったことが根底にはあるようだ。吉田聡のところでも触れたが、このタイミングで『今日から俺は!!』の続編が11月の『週刊少年サンデー』から始まっている。それも高校卒業から25年経た42歳になったサガワが主役である。弁当屋でパートとして働くサガワが、同僚の少女をＤＶから助けだそうとするところから物語が始まる。

この作品の舞台は千葉で「湘南」ではないが、テレビドラマ化や続編の連載はいわゆる現代におけるヤンキースピリットの継承への注目なのだろうか。現実にはヤンキーの姿はほとんど消えてしまっているが、マイルドヤンキーの勃興、そして改めてのヤンキーへの注目は何らかの必然性に導かれてのものなのだろうか。富裕層と貧困層の二極分化が始まっている現在においてのひとつの視点の対象がそこにあるという部分は無視できないかもしれないし、現代の若者たちにとっては新たなカルチャーであり、また中高年にとっては郷愁を誘うものになっているのかもしれない。

意外と少ないオリジナル「湘南」アニメ

先に述べた『スラムダンク』や『ピンポン』などはマンガという原作があって、それをアニメ化したものだ。マンガは花盛りの「湘南」だが、オリジナルアニメとなると意外と少ない印象がある。確かにマンガからアニメ化という手法の方がイメージ増幅を図れるに違いない。しかし今はクロスメディアの時代だ。コンテンツはどこから入ってもいい。ゲームからでも、アニメからでもというようにである。おそらく筆者が知らないだけで、実はもっと多いのかもしれないが、アニメが背景に実在する風景を積極的に取り込み始めるのは2000年代の初頭になってからだ。

デジタル化の影響が極めて大きい。現在ではマンガ家も同様の手法を使うようになってきている。背景のリアリズムとでもいえばいいのだろうか。ともあれアニメで「湘南」を舞台にした作品のひとつが『TARI TARI』だ（写真36）。制作会社は富山県にあるピーエーワークスだ。おそらく地元やその周辺を舞台にした作品の多いピーエーワークスからすれば、意外な展開に見えた。現在では劇場アニメ『さよならの朝に花束をかざろう』などの新展開を見せている。特にピーエーワークスの作品は実在の建築物などがリアルに登場するので、聖地巡礼に当該地域を訪れる人々も多い。『TARI TARI』もその例に漏れず、江ノ島をはじめとした界隈に多くの巡礼客を集めたといえるだろう。

写真36　『TARI TARI』

　物語は「湘南」にある高校の声楽部に所属する主人公が思うように歌えずに挫折しかかり、新たに合唱部を作ることになる。同じようにバドミントン部も廃部の危機にあり、合唱部はそこの部員を引き入れ、合唱ときどきバドミントン部を設立するというものだ。ピーエーワークスの作品ということもあって注目された。ある意味、ピーエーワークスが初めて首都圏を舞台に選んだ作品かもしれない。

　さてこの作品は江ノ島及び江ノ電沿線を舞台にしており、制作にあたっては湘南藤沢フィルム・コミッション、江ノ島電鉄、藤沢市といった公的機関や地元企業の協力を受け、舞台の地元局であるTVK（テレビ神奈川）で、まず最初に放送された。映画『陽だまりの彼女』の頃から地元がプロモーションも含めて積極的に関与していったという印象が強い。『TARI TARI』においても2012年8月には「江ノ電×TARI TARI スタンプラリー」が江ノ電全域に渡って開催され、同時に島内の協力店舗でクリアファイルやサイダーなどの限定グッズが販売された。またこの限定グッズには購入特典としてキャラクターポストカードも配布された。

写真37 『つり球』

オリジナルアニメも『湘南』のイメージ形成に寄与しており、「青春」路線の典型といえるかもしれない。マンガ原作の作品より、より青春の純粋度が増したといえるだろうか。「湘南」の健全イメージの拡大にオリジナルアニメは大きく力を発揮しているように見える。

『つり球』は2012年の作品だ（写真37）。制作はA-1pictures、この作品はフジテレビの『ノイタミナ』で放送された。江ノ島に引っ越してきた男子高校生が主人公だが、彼は他人とのコミュニケーションが苦手で、それまで友人と呼べる存在がいなかった。彼は転校当日、宇宙人を自称するもう一人の転校生から釣りに誘われる。そこに不機嫌な同級生も巻き込まれる。

しかし最初は嫌々だったが、やがて彼は釣りにはまり、仲間を見い出す。SFフィッシング青春物語とでもいえばいいのだろうか。公式Twitterでは宇宙人に関する情報を募集、また番組放送後には毎週、視聴者が参加するアテレコ選手権も実施していた。

放送終了後には小田急電鉄と江ノ島電鉄とのタイアップ企画も実施した。これは『つり球』に登場した風景を巡りながらファンが楽しめるスタンプラリーだった。企画実施中に小田急の「江ノ島フリーパス」、江ノ電の一日乗車券「のりおりくん」や「鎌倉・江ノ島アフタヌーンパス」を購入すると専用のスタンプシートがもらえる。その台紙にキャラクタースタンプを全て押すと、2本セットの特製ミニうちわがプレゼントされるというものだ。もちろんうちわの両面にはメインキャラクターが描かれた限定グッズである。スタンプが設置されたのは江ノ島周辺の4駅だった。

また同時期には『つり球』の企画展も実施された。会場は江ノ電の江ノ島駅に近接した「えのでんはうす」。各種イラストや原画の展示、そしてキャラクターと写真撮影ができる等身大のパネルも設置した。『つり球』も『TARI TARI』と同年の作品だったということで、2012年はオリジナル「湘南」アニメが地元の協力もあって、広範に訴求した年だった。アニメは実写よりもフィクション感が強く、それが憧れの「湘南」をアピールすることに繋がっていったのだろう。

しかしながら『TARI TARI』『つり球』の例で見てきたように、コンテンツツーリズムの普及には驚かされる。地域での観光創出の一端を担う施策にすでになり始めているのである。おそらくこの施策は地域のイメージ形成にも大きな影響を与えていくに違いない。コンテンツが地域のイメージ形成に大きく寄与した先行事例としては鳥取県の境港や北海道の富良野などがある。そういう意味では「湘南」のイメージはこれまで挙げてきた数々のコンテンツが複合的に絡み合って形成されてきたといえるのかもしれない。

第6章

プリズムの「湘南」

富裕層、若者層、ヤンキー層のリミックス

これまで見てきたように「湘南」のイメージ形成においてはコンテンツ作品の影響が大きいことがわかる。鎌倉は富裕層の代表的な地域といえるかもしれない。旧鎌倉、西鎌倉、鎌倉山辺りがそれを象徴する界隈だ。従って一般には鎌倉市内といえど周縁部は鎌倉とは捉えられていないのかもしれない。

さて鎌倉山だが、ゆったりとした緑の多い高級住宅地だ。著名人も多く居住し、レストランやカフェも多く点在している。この住宅地の開発は1930（昭和5）年の大船～江ノ島間の有料道路である日本自動車道の開通まで遡る。それを機に鎌倉山住宅地株式会社により分譲住宅地の販売が行われたのである。政財界の著名人がこぞって申し込んだといわれている。その頃に鎌倉山という名前が誕生した。翌年には福沢桃介が交詢閣を作り、帝国ホテル直営の社交場として利用されるようになり、町内の住民組織も作られていく。こうしてイメージアップに繋がる動きが鎌倉山の高級イメージを形成していくことになる。

南側の海岸由比ヶ浜の背後は標高百四十メートル前後の丘陵となっている。その部分を鎌倉山と呼んだ。相模湾を眼下にのぞむこの高台を宅地にする動きが始まったのは、絹代が豪邸の

建設地を物色しているころである。江ノ島電鉄の社長などをつとめ政界の黒幕とされた菅原通済らによって鎌倉山住宅地設立準備委員会が発足、分譲地購入希望者の募集に入った。（中略）第一回分譲地の申し込みは二百二十六人、ほとんどが政財界で活躍する大物たちである。公爵近衛文麿、公爵徳川家達、大蔵大臣三土忠造、大倉組頭取大倉喜七郎、秩父鉄道社長末山熊次郎、三井物産参事高西淑次、内閣書記官長森恪……といった人々にまじって、芸能界からはオペラ歌手藤原義江、歌舞伎俳優の市村羽左衛門、松本幸四郎そして映画俳優田中絹代も第一回分譲組として、鎌倉山の土地を取得した。

（『花も嵐も－女優・田中絹代の生涯』古川薫／２００４年）。

戦後、鎌倉山住宅地株式会社は１９４８（昭和23）年に国土計画興業株式会社と合併、この国土計画興業がやがて国土計画という西武グループの中核企業になっていく。その後、高度経済成長期に、鎌倉山の北東側では野村不動産が、西側では鎌倉山を契機に西武グループが大規模な不動産開発を進めた。１９６１（昭和36）年に野村不動産は同社最初の大型宅地開発として鎌倉梶原住宅地を造成する。そこには住宅地と隣接して野村総合研究所が設置された。当初は北鎌倉駅から専用道路を作る予定だったが、沿線住民の反対などがあり、大船駅、鎌倉駅、藤沢駅にアクセスできるバス路線が開設された。１９６５（昭和40）年からは梶原の北の丘陵に鎌倉丸山住宅地と鎌倉大平台住宅地が分譲を開始した。

さて西武グループはといえば、土地を積極的に購入し、道路整備と合わせた形で住宅開発を推進しようとした。もちろんそこにはリゾート開発という構想もあった。住宅地の造成は１９６２（昭和37）年から始まり、１９６５（昭和40）年から分譲を開始した。「古都に抱かれた文化生活」というキャッチコピーでの広告は、まさに鎌倉という地の利を生かしたものだった。当初、西鎌倉は家もまばらだったが、１９６９（昭和44）年に大船駅からと藤沢駅からのバスの乗り入れが開始される。また同時にモノレールの開設が検討され、１９６４（昭和39）年には免許申請を行い、１９７０（昭和45）年には大船～西鎌倉、翌年には西鎌倉～湘南江ノ島が開業する。これによって西鎌倉の交通アクセスは飛躍的によくなった。

またこの時期の不動産開発は鎌倉山のように自然の地形を生かしたものではなく、自然の地形に大規模に手を入れて造成するという形になっていた。生活の利便性が重要視され、先述した交通アクセスのみならず、西武グループは西友ストア、野村不動産は野村ストアというスーパーマーケットを配置していった。ただ大規模再開発に関しては、周辺住民の反対等もあり、実際は円滑に進んだわけではない。

しかし戦前の別荘開発に端を発する鎌倉の住宅地開発は、紛れもなく鎌倉に富裕層イメージを定着させることに寄与し、現在でも人気が高い。穏やかで洗練された生活が営めるというイメージが強いのだろう。もちろん先述してきたように、逗子、葉山、藤沢、茅ヶ崎にも高級イメージは存在し、それは「湘南」イメージのひとつの側面を提示している。その中で鎌倉は中核を担っているといっても過言ではないだろう。

さて若者層の「湘南」を見ていくには、米軍施設にも留意する必要があるに違いない。特に逗子から茅ヶ崎までは多くの米軍施設が点在していた。逗子は米軍池子住宅、辻堂は辻堂演習場、茅ヶ崎はキャンプ茅ヶ崎だった。もちろん横浜から横須賀にかけても米軍施設の集積が見られた。これらの施設は市街地に隣接していたこともあり、米軍接収後から地域生活の側面から密接な結び付きを見せていく。当然、それに伴う米軍と地域住民のさまざまなトラブルも多々、生じてはいくものの、大衆文化においての米軍の影響は否定しがたい。

吉見俊哉は50年代の後半からの米軍基地や米兵の姿が消えつつあった頃の「湘南」の変化について、以下のように述べている。


チガサキ・ビーチの東隣に位置する片瀬海岸は、「海岸の風景を楽しむドライブウェイ、近代的なビーチハウスと広いモータープール」を備えた「バタ－くさいまでにモダンな海水浴場」に変身しつつある。神奈川県は、ここに「マリンランド」「ビーチハウス」「ヘルスセンター」などを建設し、やがて外資系ホテルも誘致し、湘南海岸をマイアミビーチに匹敵する一帯に変えていこうと考えているという。

（『親米と反米－戦後日本の政治的無意識』）


そして「バタ－くさいまでにモダンな海水浴場」に変身していった背景には、基地からこれらの海岸に遊びに来ていた米兵たちの存在があったと続けている。サーフィンも米兵の影響であり、また映画『太陽の季節』にも登場人物たちの設定の背後にある、アメリカの存在を指摘してもいる。つまり「裕次郎といい赤木圭一郎といい、この時代の湘南には、若者たちに「日本のなかのアメリカ」を体現させていく文化力学が構造化されていた。そして、60年代以降の湘南人気は、こうした50年代の基地と文化消費の関係を隠れた基盤として広がっていったのである」（同書）としている。

またこのムーブメントの主体は富裕層の子女であり、1980年代に台頭するヤンキーとは本質的に異なる層だと考えられる。前章でも述べたが、ヤンキーは暴走族の発展形というか、その行動形態に被るところも多々ある。しかしマンガやアニメなどのコンテンツに表現される範囲では、ツッパリと同義語という解釈もできるかもしれない。しかしながらここに及んで「湘南」は一種の生活色を帯びてきたといえるだろう。どちらかといえば憧れの対象としての「湘南」が普通の場所としての「湘南」への転化が図られたといえば大げさだろうか。

つまりテレビドラマ『俺は男だ！』『俺たちの朝』などの一連の健全な青春の場所である「湘南」の変化であるとも捉えられる。つまり「憧れ」の対象から現実の方に向かったのがヤンキーの登場なのかもしれない。ともあれ「湘南」にまた新たなイメージが加わったともいえる。これで三層構造が生まれたわけである。つまり「湘南」は人々のそれぞれの関心事に合わせた魅力を併せ持つ地域になった。複合ブランドの生成である。行政が積極的にブランディングのアプローチをしたわけでもなく、単一コンテンツがブランド化を成就した。乱暴にいえば、コンテンツが勝手にブランディングを促した日本でも稀有な地域が生まれたのである。

地域のブランディング

一般的に地域ブランディングとは、地域そのものが生みだすアイデンティティを、製品や、空間サービスとして発信し、ブランドとして認知してもらう活動を示す。また地域ブランドは地域を主に経済的な側面から捉えたときの、生活者が認識するさまざまな地域イメージの総体である。この用語はマーケティングで使われるブランドから派生したもので、商品ブランドや企業ブランドと同様の体系やダイナミズムを持つといわれている。

しかしながら概念的には特産品や観光地及び魅力的なイメージを連想させる地名などの無形の資産を含むこともあり、その概念は広いとされるが、現実的には総体というよりも特産品や観光地の比重が高い。木下斉「「地域ブランド化」が失敗に終わる3つの理由」（東洋経済オンライン／2016年）によれば、地域ブランドは「一定の知名度のある地域」で「特徴ある商材」がセットになることによって、成立するとしている。例えば大分の関アジ、関サバや夕張メロンなどが代表的なところだろうか。

バブル経済を経て、2008（平成20）年のリーマンショック以降も復活できない経済状況にいる日本はローカル都市の過疎化や少子高齢化と直面することになった。政府はこのような状況を打開するためのローカル都市の財務体質の健全化を目指して平成の大合併に向かった。しかし中国や東南アジアから安価な製品が輸入されるようになって、高品質、高価格のローカルの特産品は活路を失い、地場産業の弱体化の道を辿ることになる。もちろんそれはローカル都市の税収の減少に結び付いた。

地域ブランド開発の端緒は1980(昭和55)年から始まった大分県の一村一品運動に遡るとされているが、近年では現状を打破するために、新たに地域ブランドに注目する風潮にあるといえる。地域の固有の資源の活用による産業化、観光化の方法論である。地域創生の時代を迎え、このような手法はさらに増えていくに違いない。ただ全ての施策がうまくいくとは限らない。

ブランドイメージは、通常、企業が発信元になり、消費者やステークホルダーに向けて、企業が発信したいブランドイメージを発信する。またブランドイメージの発信、拡散のために関係者とのリレーションシップを図る動きも行うことも多い。メディアもこの範疇に取り込まれる。地域のブランディングも概ね、この枠組みで考えていくことが一般的だろう。もちろんそこにはマーケティングの考え方も援用しなければならない。P・コトラーとD・H・ハイダーの『地域のマーケティング』(1996年)はマーケティングの第一人者の手による、拡大マーケティング論である。そこでは地域のイメージ作りや発信の手法についても言及しており、

5つのガイドラインが設定されている。①実態が伴わなければならない。②信用されなければならない。③単純でなければならない。④魅力がなければならない。⑤目立たなければならないである。

イメージ形成に関してはK・リンチの『都市のイメージ』（1960年）が原点的な位置付けになる。彼は都市の環境イメージをアイデンティティ（identity）＝そのものであること、ストラクチャー（structure）＝構造、ミーニング（meaning）＝意味の3つの成分に分析した。特に、アイデンティティとストラクチャーの2つに絞り込んだ。都市のイメージは前掲の3成分によって想起されるもので、それを構成するエレメントがあり、イメージマップ法による住民を対象とした調査から明らかにした。

そして5つのエレメントに注目する。5つのエレメントとは以下のように説明される。パス（path）は道路、人が通る道筋を指し、具体的には街路、散歩道、運送路、運河、鉄道などを示す。またエッジ（edge）は縁、具体的にはつまり連続状態を中断するもの。地域の境界を指し、パスにならない鉄道路線、海岸、崖などである。ディストリクト（district）は比較的大きな都市地域（部分）を指し、その内部の各所に同質の特徴がある地域を示す。ノード（node）は接合点、集中点のことで、重要な焦点、つまり交差点、広場、ロータリー、駅などのことである。ランドマーク（landmark）は目印であり、外部から見る道標。比較的離れて存在する目印のことで、建物、看板、モニュメント、山などを示す。

ただこのイメージ形成に関する論考はあくまで建築的な視点からのものであり、ミーニングについてはそれほど重要視されてはいない。ただイメージは人々の心理的側面に訴求するものであり、心理に訴えるものも注視していく必要があるに違いない。方策としては、例えば昨今、日本でも活発化してきた行政が制作しているプロモーションビデオなどが挙げられるだろう。中には別府市や呉市のように奇抜なアイディアで耳目を集めるものもあるが、一般的には観光プロモーションビデオ的なものが多い。これは視覚に訴え、そこを訪れる動機を喚起するものである。

またタグラインのように映像ではなく、キャッチコピー的なアプローチにより、その都市の魅力を訴えるという形もある。例えば旭川市は「あ、雪の匂い　あさひかわ」、函館市は「函館　ひかりのおくりもの」、白山市は「名峰と大海をつなぐまち」、飛騨市は「文化が薫る活力とやすらぎのまち」、京都市は「ときを超え　美しく　ひと輝く　歴史都市・京都」、別府市は「国際観光温泉文化都市」、熱海市は「しあわせ　もてなし　おしゃれな熱海」などである。

それぞれの都市の表現には違いがあるが、それでもイメージは伝わる部分も多いであろう。ただそれだけで観光の動機を喚起できるかといえば、難しいかもしれない。おそらくそういうプロモーションツールの組み合わせによって効力を持つものだと考える。しかし観光を促進するためには、やはり魅力的なイメージを持つことが重要であり、また居住地としての選好においても大きい意味を持つ。ネガティブイメージの都市や地域には一般的な観光客は行かないし、

	都道府県		昨　年	点　数
1	北海道	➡	1	59.7
2	京都府	➡	2	52.2
3	東京都	➡	3	41.9
4	沖縄県	➡	4	41.2
5	神奈川県	➡	5	36.7
6	奈良県	➡	6	32.6
7	大阪府	➡	7	31.8
8	福岡県	➡	8	28.1
9	長野県	➡	9	26.4
10	長崎県	⬆	11	26.3

図11　都道府県別魅力度ランキング（「地域ブランド調査2018」ブランド総合研究所）

また住みたいとも思わないだろう。前掲したブランド総合研究所の2018年度の都道府県別魅力度ランキングによれば、「湘南」が含まれる神奈川県は第5位と上位に位置している（図11）。これは全国の都道府県の中でも相当、優位な位置にあるといえるだろう。もちろん神奈川県には「湘南」以外に、横浜という魅力的な都市を抱えているせいでもある。とはいえ「湘南」は決して足を引っ張ってはいないと考えられる。むしろ上位に位置するためのひとつの原動力になっているに違いない。

湘南とは呼ばれたくない鎌倉

先述したように鎌倉は富裕層イメージも色濃く、しかし由比ヶ浜、七里ヶ浜を抱えていることによって若者の「湘南」イメージも併せ持つ。ウェブ上でも鎌倉は「湘南」への帰属意識が薄いというようなコメントが目につく。特に鎌倉市民にその傾向が強いようだ。鎌倉のプライドとでもいえばいいのだろうか。『これでいいのか湘南エリア』（日本の特別地域編／2010年）は「あなたが住んでいる街は湘南ですか?」というアンケートを実施（図12）、そこでは鎌倉は地元意識が強く、鎌倉の名前にこだわりを見せていることがわかる。78%が「NO」と答えている。しかし22%が「YES」なのでこだわりのない人々も一定数はいるということだろう。つまり推測でしかないが、おそらく高齢者になればなるほど、鎌倉へのこだわりが強いはずだ。若い世代に関しては「『呼ぶなら呼べばいいじゃん』が新・鎌倉人だ」（『これでいいのか湘南エリア』）と記している。

かつて鎌倉は「大鎌倉市構想」を夢見たことがあるという。片瀬町が藤沢か鎌倉との合併を希望するとの局面で、住民投票の結果、藤沢への編入が決まった。1947（昭和22）年のことだ。それに伴い藤沢は江ノ島を擁する観光都市へと発展、片瀬西浜と鵠沼を一体化して開発

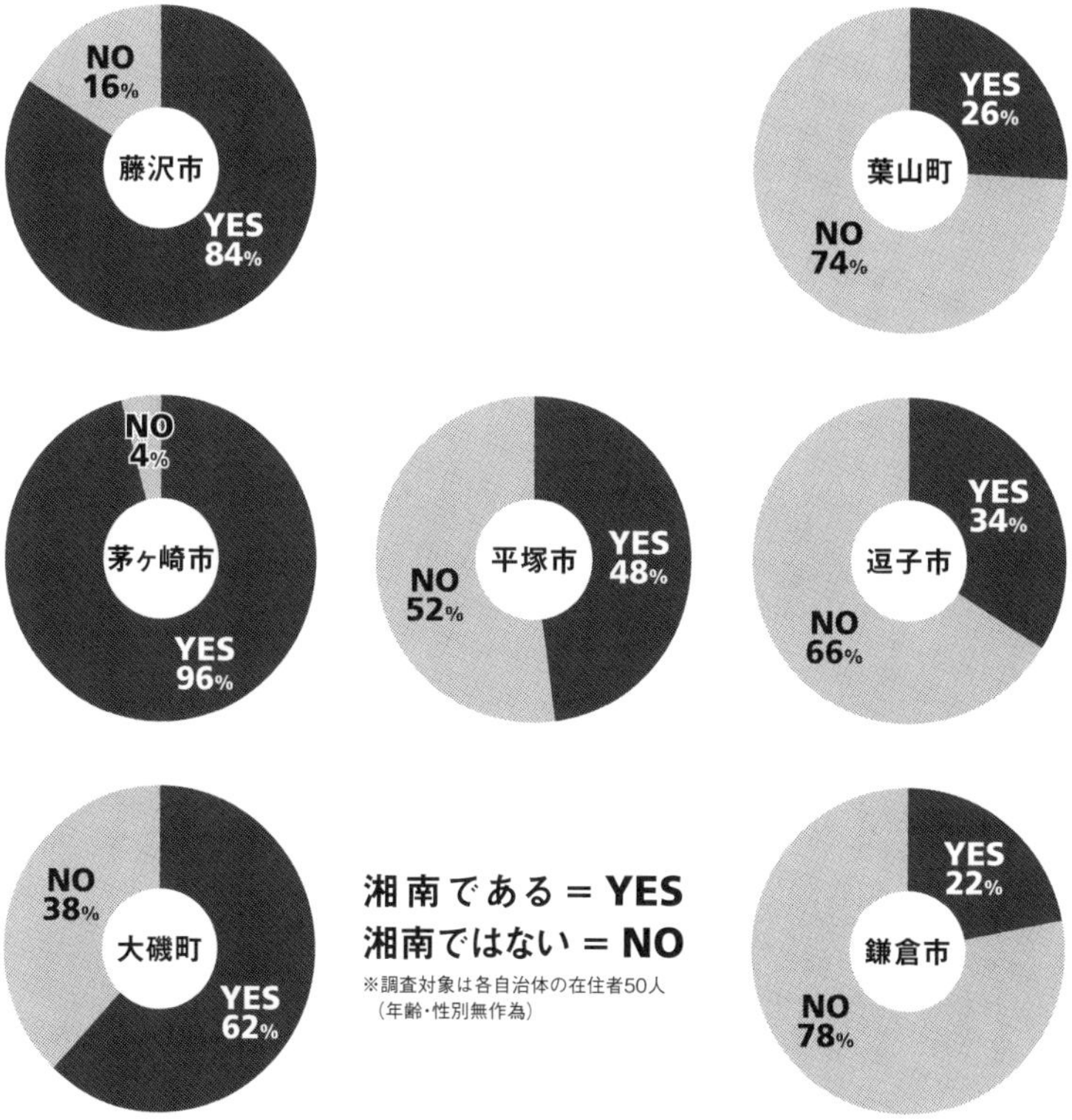

図12　「あなたが住んでいる街は湘南ですか？」（『これでいいのか湘南エリア』／2010）

する基盤ができた。実際、この時期には戦争の影響もあって、1943（昭和18）年にはそれまで東京湾に面する市域しか持たなかった横須賀が、浦賀、逗子、長井、大楠、北下浦、武山を併合、1944（昭和19）年時点では横須賀の人口は45万人になったという。しかし1950年（昭和25）年に逗子は分離独立したということに見られるように、鎌倉はもとより合従連衡が相次いだ時代だったようだ。

2002（平成14）年に平塚が先鞭を切った形で、「湘南市研究会」が発足し、近隣自治体への働きかけが開始される。もし湘南市が発足すれば人口約97万人、横浜、川崎に次ぐ神奈川県下では第3位の政令市が誕生することになる。この構想に対して藤沢、二宮が賛同の方向、大磯、寒川でも研究会が発足、しかし茅ヶ崎が不賛同、藤沢も市民レベルでは不賛同、結果、雲散霧消ということに至る。

ただこの場合にも鎌倉は対象にも入っていない。つまり平塚主導ではそこまでは無理ということになっていたのだろうか。同じ「湘南」エリアにあっても、それぞれ文化基盤も違う都市をひとつにまとめるとなると、それはとても難しいことだ。鎌倉幕府以降の長い歴史を誇る鎌倉は「湘南」の中でも格上感があるのかもしれない。特に旧住民にとっては鎌倉は鎌倉であって、決して「湘南」ではないということだろう。おそらく歴史的な部分を除いて鎌倉に似た地域住民の意識が高いのは御用邸のある葉山だ。こちらも一種のプライドが高いということなのか、前掲のアンケートでも「NO」の比率が高い。逗子も同様の傾向があるが、まだ鎌倉や葉山に比べるとフレキシビリティが高いというのか、新住民が多いということにも起因しているのかもしれない。

しかし2018（平成30）年に発表された鎌倉市の『鎌倉市SDGs未来都市計画』では、2030年のあるべき姿として、『古都としての風格を保ちながら、生きる喜びと新しい魅力を創造するまち』づくりが進み、「住みたい、住み続けたいまち」、「選ばれるまち」となっている。また、「鎌倉を中心に東京圏とは異なる「鎌倉・湘南」という新たな圏域が形成されている」（同計画）と記されているように、行政は広域圏として「湘南」を意識もしているようでもある。地域住民は旧住民と新住民に温度差はあるものの、自治体的には鎌倉も「湘南」を視野に入れていることが見て取れる。

さて地方創生だが、政府は東京一極集中を是正するため、各地に魅力ある拠点を創る必要があり、政令市や中核市などを中枢中核都市とし、支援強化に向かうこととした。82の都市が中枢中核都市の候補となった。中枢中核都市は、東京圏（東京、埼玉、千葉、神奈川）以外の政令市、中核市、それにかつて人口20万人以上の特例市だった施行時特例市、それ以外の県庁所在市、総務省が推進する連携中枢都市圏の中枢都市で、周辺市町村も含めた地域経済の中心となる都市であり、かつ昼間人口が夜間人口の9割以上となる都市である。

政令市、県庁所在市以外の中枢中核市は以下の通りである。函館、旭川、八戸、郡山、いわき、つくば、高崎、伊勢崎、太田、長岡、上越、高岡、射水、松本、沼津、富士、豊橋、岡崎、豊田、春日井、四日市、八尾、東大阪、岸和田、吹田、茨木、姫路、尼崎、西宮、倉敷、呉、福山、下関、宇部、久留米、佐世保である。つまり「湘南」のある神奈川は対象外だ。「湘南」は東京圏という解釈になる。

ただこの方向は都市圏という考え方に立脚するものであろう。拠点形成であるので、中枢中核都市は周辺市町村の中心都市ということになる。直接的には「湘南」は対象外だとしても、いわゆる都市圏という考え方は今後の展開に微妙に影響を与えるのかもしれない。鎌倉市の『鎌倉市 SDGs 未来都市計画』にもその考えを意識してという推測も可能だ。つまりそれぞれの都市が個性を尊重しながら、緩やかに連携していく未来が見えないこともない。もちろん広域合併や緩やかな連携に関しての意思決定は住民次第だが、「湘南」が現在のままでの形で推移するのか、それは誰にもわからない。ともあれ将来にまた「湘南」市構想が頭をもたげてくる場合も充分に考えられるに違いない。

南葉山ってどこ？

国道134線を車で走ると、まだ葉山に入る手前に分譲地の広告に南葉山という名前が散見できる。分譲地以外でも霊園、スパなどに南葉山という名前が見られる。ちょうど住所でいえば横須賀市秋谷や長坂の辺り、長者ヶ崎の手前に当たる。これはおそらく横須賀よりも葉山の

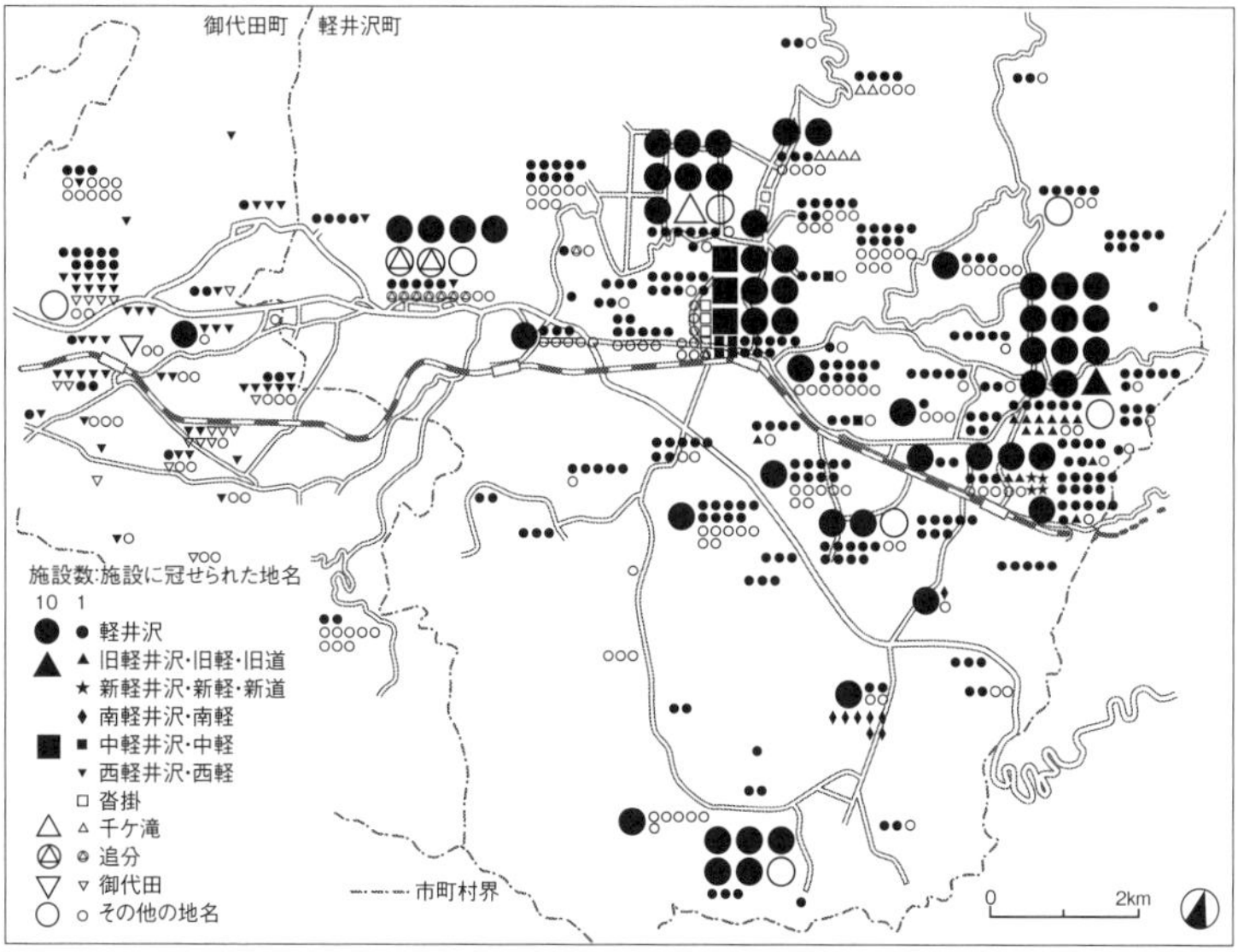

図13　軽井沢等の地名を冠した施設の分布（50音別電話帳による）
（内田順文「軽井沢における「高級避暑地・別荘地」のイメージの定着について」より）

方のイメージがいいという狙いでのものだろう。自然環境、風景等で秋谷などは充分に「湘南」イメージの界隈である。しかしやはり好感度の高い地名の方がビジネスには都合がいいのだろう。

　地域のイメージの研究では内田順文の「軽井沢における「高級避暑地・別荘地」のイメージの定着について」（『地理学評論』62巻7号／1989年）が代表的なものだ。彼は日本においての避暑地の代表である軽井沢に着目し、その避暑地・高級別荘地としての軽井沢のイメージが定着し、どのようにしてより多くの人々に浸透していったのかを明らかにしている。日本で「軽井沢」という地名を知らない人はほとんどいないだろう。

長野県の東端で浅間山の南東斜面に広がる高原には、多くの別荘や保養施設が広がり、多くの観光客が訪れる避暑地となっている。「軽井沢」という名称は、単に旧軽井沢ばかりではなく、軽井沢町全域に広がっており、さらに行政域を越えて御代田町にまで広がっていることが明らかである（図13）。

この地域を表す名称としては、沓掛、千ヶ滝、追分などがあるが、「軽井沢」地名がそれらの地名に増して頻繁に用いられている。御代田町においても「西軽井沢」という地名が頻繁に用いられている。内田によれば、軽井沢地名の拡大には、明治後期以降形成された軽井沢の高級避暑地というイメージが重要な役割を果たしているとしている。1888（明治21）年に英国聖公会の宣教師A・C・ショーが別荘を建てるところから、外国人宣教師、外交官、留学経験を持つ日本人の上流階級にも広がり、次第に「高級避暑地軽井沢」の名が知られるようになったのである。

何よりも、軽井沢を日本の中の別世界に仕立てたのは、避暑地に占める外国人の割合が高かったことによる。大正期以降、昭和まで、軽井沢を訪れた外国人避暑客は毎年、千人を下らず、当時の日本の内陸で、このように西欧からの来訪者割合が高い場所は極めて珍しく、ハイカラで高級なイメージが形成されたことは想像に難くない。

内田は軽井沢を舞台とした文学作品を取り上げて、その中で軽井沢の描写に用いられたキーワードを抽出した。「寒さ」や「葦草」など、殺風景な描写があった明治20年代と違い、明治30年代以降には西洋人、牛肉、洋酒など、西洋風のイメージが出現する。そしてテニス、外人、ダンス、洒落た、別荘などという言葉は、大正以降、定着し、高級避暑地としてのイメージを確立したことが明らかになった。

現実の軽井沢は昭和30年代以降の高度経済成長期に、別荘ブームが起こり、大量の観光客が訪れて、大衆化した部分も多い。メディアがカバーする軽井沢に関する記事も、そのような大衆化や俗化を嘆く口調のものがあり、その手法自体、高級避暑地としての軽井沢のイメージを否定するものではなく、かえって強化するものであった。

軽井沢の事例はとても参考になる。「湘南」と共通する点が多い。つまり高級別荘地としての側面だ。少し見てみよう。振り返ってみると大磯の海水浴場の開設に貢献したベルツは草津温泉と所縁が深いが、軽井沢にも足を向けており、彼の日記には以下の記載がある。

軽井沢は、気候の乾燥した点で知られており、夏は外人が多数訪れる。主として英米系の新教伝道者で、めんどうな仕事の労苦を、ここに三ヶ月滞在していやさねばならないそうだ。しかし信者たちは下界で汗を流して日ごろの精神的慰安で満足することを考えておればよいのだ。これだから自分は、かれら宣教師連には好意がもてないのであって、自身には何一つとして犠牲を課することなく、教えに従わずして貧をいとい、高原に別荘を構えてスポーツにふけり、あらゆる点で「紳士（ジェントルマン）」にひけをとるまいと努めているのだ。
（『ベルツの日記』E・ベルツ著／1979年）

先にも述べたが、ベルツは1890（明治23）年には自ら避寒避暑地として葉山に別荘を建てており、澤村修治『天皇のリゾート―御用邸をめぐる近代史』（2014年）によれば、葉山に御用邸ができるひとつの契機を作ったともいわれている。実際に葉山の葉山森戸神社に駐日イタリア公使のマルチーノとベルツが当地を推奨したという石碑がある。のちの大正天皇になる嘉仁親王の健康が思わしくなく、侍医となったベルツが転地保養を勧め、1889（明治22）年に親王はマルチーノの別荘を訪問しており、また1891（明治24）年には別邸を造り、1894（明治27）年に葉山御用邸が完成するという流れになった。ベルツは草津・軽井沢、そして「湘南」と、日本の保養地選定の草分け的な存在といえるだろう。

軽井沢は江戸時代には中山道の宿場であり、しかし明治時代に入ると、宿場はご多分に漏れず衰退していく。交通事情の変化や参勤交代の消滅の影響があったのかもしれない。その後、1902（明治42）年に草軽電気鉄道の前身、草津興業が発足し、延伸していく。1926（大正15）年に新軽井沢―草津間、55・5㎞が全線開通した。そして路線の延長とともに沿線地域が宅地化、別荘地化されていった。

しかし宮崎駿『風立ちぬ』に見られるように、軽井沢には保養所のイメージが高級避暑地の背後に存在する。A・C・ショーも当初の軽井沢行きが自身のリウマチ療養のためだった。小説の方の『風立ちぬ』を書いた堀辰雄も1933（昭和8）年に結核の療養のために軽井沢を訪れている。その体験が『風立ちぬ』を誕生させたといわれている。これも「湘南」と酷似している。

さて沿線開発だが、1916（大正5）年に貿易商の野澤源次郎が転地療養を契機に別荘地開発に乗り出し、人工池を中心にホテル、ゴルフ場、市場、遊歩道、並木道などを整備、別荘地の分譲を行った。つまり西洋風の街並みを作ったうえで、上流階級の日本人を集めるという戦略を構築したわけである。そして1918（大正17）年には堤康次郎が沓掛宿周辺の千ヶ滝を中軽井沢と称して整備、開発、大規模な別荘地の販売、鉱泉の掘削、ホテルの営業を開始した。これらの動きを端緒にして軽井沢には都市部の富裕層が避暑に集まるようになる。

堤率いる箱根土地開発は1928（昭和3）年にバス路線、1933（昭和8）年には有料道路鬼押ハイウェイを開通させた。また箱根土地開発は1921（大正10）年には南軽井沢の開発を手掛けていく。ここには別荘地、ホテル、競馬場、飛行場などを建設、その一部は戦後ゴルフ場になっていくが、現在も続くリゾート地が誕生する。また東急も戦前から軽井沢の開発に参入、やがて西武と東急のリゾート開発競争が激化していくことになる。

戦後、西武は南軽井沢のさらに南に広大な土地を取得、大規模なリゾート開発を行っていく。

人工湖を中心にしたレイクニュータウンには湖畔に大規模別荘地、ホテル、商業施設、庭園などを整備、そこに三越との提携で、三越の支店も開業した。高度経済成長を背景に、富裕層のみならず中間層にも訴求することで別荘ブームが生まれた。

つまり軽井沢も「湘南」も同じようなイメージの形成プロセスを辿っているし、地理的なイメージの拡張が行われている点に留意すべきだろう。ただ相違点は「湘南」の方が地理的範囲の広さから、複合イメージになっているところだろう。軽井沢は高級ブランドの単一イメージに近い。しかし高級イメージのブランド拡張においては同様のアプローチを行っているように思える。

クロスメディア戦略が創るイメージ

コンテンツが作るイメージについて考えてみよう。かつてとは違って、現在では単一コンテンツでの訴求戦略を取ることは少ない。しかし小説と映画のメディアミックスは戦前からあった。例えば『月形半平太』などの作品で知られる行友李風が『修羅八荒』を1925(大正14)年から翌年まで大阪、東京朝日新聞で連載したが、連載終了前に松竹蒲田、日活、マキノ映画による競作が行われ、さらにラジオ劇、レコード、浪曲、舞台劇と創られることになったという。

本間理絵の「近代メディアミックスの形成過程 - ラヂオドラマ研究会と春陽堂の連携を中心に」（2018年）によれば、「戦前の出版と放送のメディアミックスは、1925（大正14）年に放送開始されたラジオドラマにおける「小説のラジオドラマ化」がその嚆矢である。徳冨蘆花原作の『不如帰』（大正14年6月14日放送）、尾崎紅葉原作の『金色夜叉』（同年8月14日放送）などが国民の人気を博した。これらのドラマ制作を担っていたのは、初代放送部長の服部愿夫が作家や劇作家を集めて放送局内に結成した「ラヂオドラマ研究会」であった」という。

つまりメディアミックスが戦前から行われていた事実は、日本のコンテンツ産業の奥深さを知る手掛かりにもなる。代表的なものを挙げれば『愛染かつら』だろうか。これは1937（昭和12）年から翌年にかけて雑誌『婦人倶楽部』に連載された川口松太郎の小説が、1938（昭和13）年に映画『愛染かつら』前・後編として公開され大ヒットした。製作は松竹、茅ヶ崎在住の加山雄三の父、上原謙、鎌倉山在住の田中絹代が主演だった。その後も戦後に至るまで続編含めて6本製作された。またテレビドラマとしては1965（昭和40）年、その続編が1968（昭和43）年に放送され、また1974（昭和49）年、1976（昭和51）年に新たなスタッフ、キャストで放送されている。

そして1938（昭和13）年の映画では作詞：西條八十、作曲：万城目正、歌は霧島昇とミス・コロムビアの主題歌「旅の夜風」が大ヒット、当時としては異例の80万枚を超すセールスを上げた。川口松太郎は西條八十の「母の愛」という詩からこの作品のヒントを得たことから、主題歌の作詞に西條を要望したという。映画の大ヒットの要因には原作やキャストはもとよりこの主題歌のヒットもあっただろう。初期のメディアミックスの成功事例といえる。1979（昭和54）年に山口百恵が歌ってヒットした「愛染橋」もこの一連の流れへのオマージュで、愛染かつらのある勝鬘院・愛染堂の前を下ったところにある高津入堀川にかかっていた橋を歌ったものである。

また戦後間もなくの作品『君の名は』もこのような形を取っていた。こちらは菊田一夫の代表作で1952（昭和27）年のラジオドラマから始まる。放送開始から間もなくしてから人気に火が付いた。真偽のほどはわからないが、番組が始まると銭湯から女性の姿が消えたというエピソードはこのラジオドラマでのことだ。そして1953（昭和28）年に第一部が映画化される。主演は岸恵子と「湘南」に馴染みの深い中井貴一の父、佐田啓二だった。製作は松竹、主なロケ地は東京、佐渡島、美幌、雲仙と「湘南」は描かれてはいない。全3部作で大ヒット、通し上映では6時間を超えるので、総集編も製作された。3部作の総観客動員数は約3000万人といわれている。映画の主題歌は菊田一夫作詞、古関裕而作曲、歌は織井茂子、この主題歌は約110万枚のヒットになった。これもメディアミックスの成功事例であろう。

さて本格的なメディアミックスは1973（昭和48）年の小松左京の小説『日本沈没』で、刊行以降、矢継ぎ早に映画、ラジオドラマ、テレビドラマ化され、相乗効果を生み、小説もベストセラーになったことで知られている。そしてその手法を角川書店がビジネスモデル化し、メディアミックスという言葉も一般化した。なお、徳間書店などもこの手法を用いているが、遡れば戦前に至るのである。「湘南」のイメージ形成はこのようなメディアミックスの手法に近く、ただ仕掛ける側が「湘南」のイメージ形成に寄与するという狙いはなかったであろう。

作品個々にプロモーションプランはあっただろうが、本書でも取り上げてきた作品を中心に膨大な小説、映画、テレビドラマ、マンガ、アニメなどが複合的にミックスして、トータルのイメージが形成され、またそれは細かく見るとユーザー個々のニーズに応えるイメージを提供し続けてきたということになる。まるでプリズムのようなものである。要するにユーザー個々のニーズに合わせた多面体のイメージの総体が「湘南」なのではないだろうか。

ニーズはもちろんユーザーの属性によってのものが多いに違いない。例えば富裕層のニーズに応える別荘に代表される高級イメージ、若者層のニーズに応える海、マリンスポーツ青春イメージ、そして暴走族に象徴されるヤンキーイメージなどがコンフューズしてということになるだろう。ほどよいブレンドの妙ともいえるに違いない。現在ではメディアはさらに多様化しており、インスタグラムなども「湘南」のイメージ伝達のための格好のツールにもなっている。

近年、衰退基調にある地方都市や地域では誘客のための施策に腐心している。もはや定住人口が増える可能性がないならば、やはり集客に舵を切るのは当然だろう。実際、東京を中心にする三大都市圏でも大阪圏、名古屋圏では横ばい、もしくは減少基調にある。厚生労働省が2017（平成29）年6月2日に公表した「2016年人口動態統計（速報値）」で明らかになった。出生数は97万6千9百79人で初めて100万人の大台を下回り、少子化の加速化が浮き彫りとなった。合計特殊出生率（一人の女性が生涯に産むと見込まれる子どもの数）は、その年の15~49歳の女性が産んだ子どもの数を元に計算される。過去最低は2005年の1・26だった。人口を維持するのには、合計特殊出生率は2・07以上であることが必要とされる。

ゆえに観光資源の開発に向かわざるを得ない状況にあるに違いない。自治体もイメージ向上にあの手、この手を考える。しかし「湘南」のイメージは自治体が躍起になって作られたわけではない。日本においても珍しい地域ブランディングが成された地域と捉えることができる。地域の範囲も人それぞれの解釈に委ねられているし、イメージもそれぞれだ。ただ重要なのはこの地域が比較的長い時間をかけてイメージ形成が行われてきた点を忘れてはいけない。つまり一朝一夕の営みの結果ではないのだ。

危機感を覚えるとどうしても短期で結果を求めることが多くなるが、しかしやはり一定の時間の所産が地域のイメージなのだという点には留意すべきだろう。例えば、「湘南」の海岸で沈む夕陽を見ながら、時間の流れを見つめるのも意味のある行為に違いない。この夕日が何千回、何万回繰り返されて創られたのが「湘南」イメージのひとつなのである。

『湘南青春街図』

1970年代に京阪神の情報プラットフォームとして定着したタウン情報誌『プレイガイドジャーナル』の存在も忘れてはならない。1971年に創刊されたこの情報誌は、特に数多くの作家、漫画家を育てたことでも知られるが、その後も京阪神では『ミーツ』をはじめさまざまな情報誌、カルチャー誌が音楽シーンを支えている点も、地域文化形成には大きく寄与している。

『プレイガイドジャーナル』は東京の『ぴあ』『シティロード』の発刊が1972年だからそれに先行したといえる。創刊にあたっては前年に神戸大学と関西大学の学生が刊行していた『月刊プレイガイド』を参考とし、また、『パリスコープ』『ロンドン・タイムアウト』等の海外の情報誌の日本版を、という意識もあったとされる。当初は演劇色が強かったが、次第にカルチャー全般に範囲を広げていく。

プレイガイドジャーナリズム社は有文社という別の出版社も立ち上げ、そちらの方では1973（昭和48）年に刊行された『大阪青春街図』をはじめとした全国各都市のカルチャーガイドの編集も行っていた。1977（昭和52）年刊行の『湘南青春街図』はその一連の出版物のひとつになる。そのほかに『京都青春街図』（1974年）『名古屋青春街図』（1974

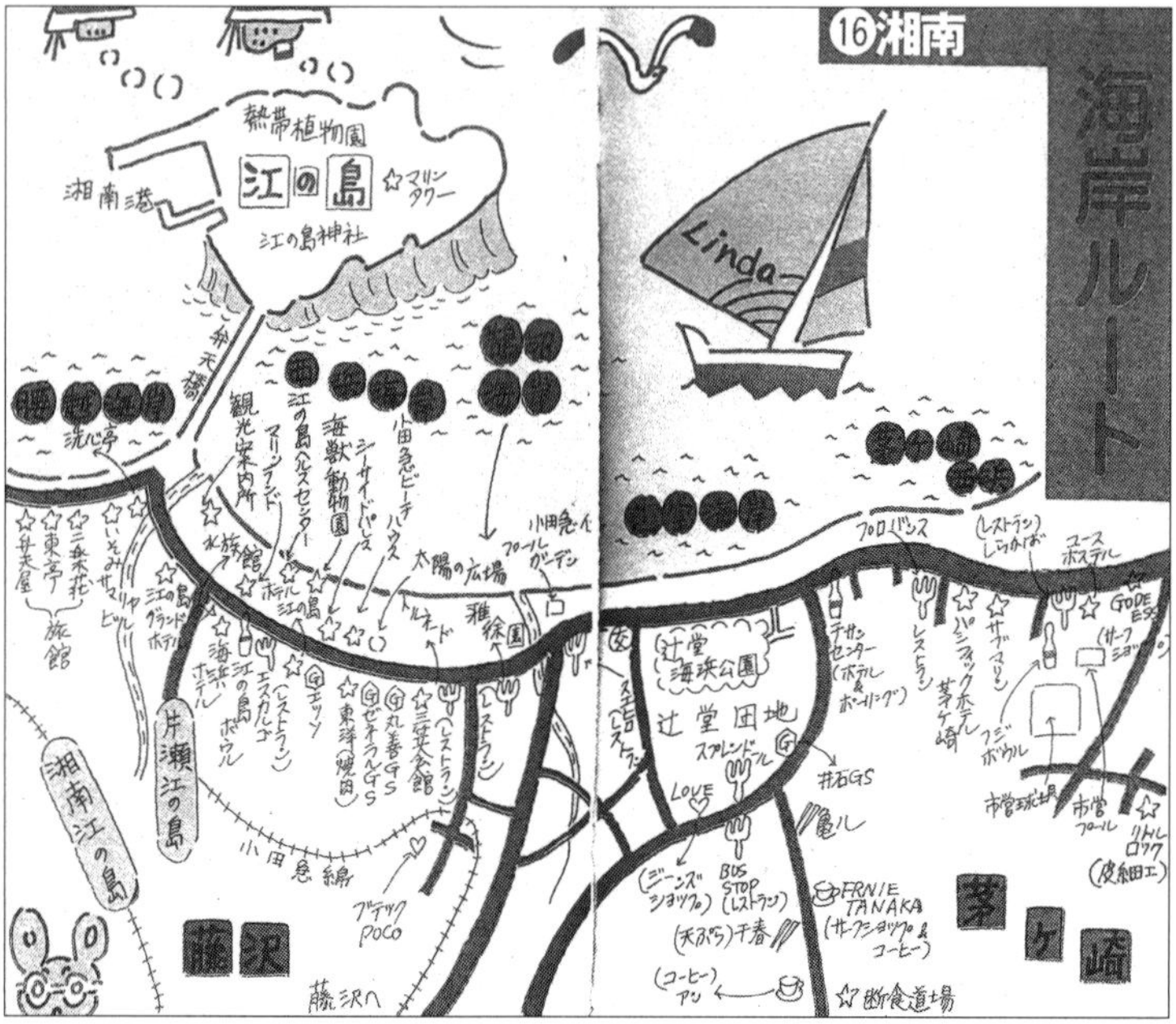

年）、『神戸青春街図』（1975年）をプレイガイドジャーナル編として、『福岡青春街図』（1976年）、『札幌青春街図』（1976年）などを外部の出版社編という形で刊行した。『湘南青春街図』も同様である。

振り返ると『ぴあMAP』のような形のタウンガイドの嚆矢に当たる一連の出版物と捉えることもできる。今ではウェブ上で簡単に確認できる地図だが、当時はいわゆる若い世代に向けての街歩き地図が必要になってきたということでもあろう。さて『湘南青

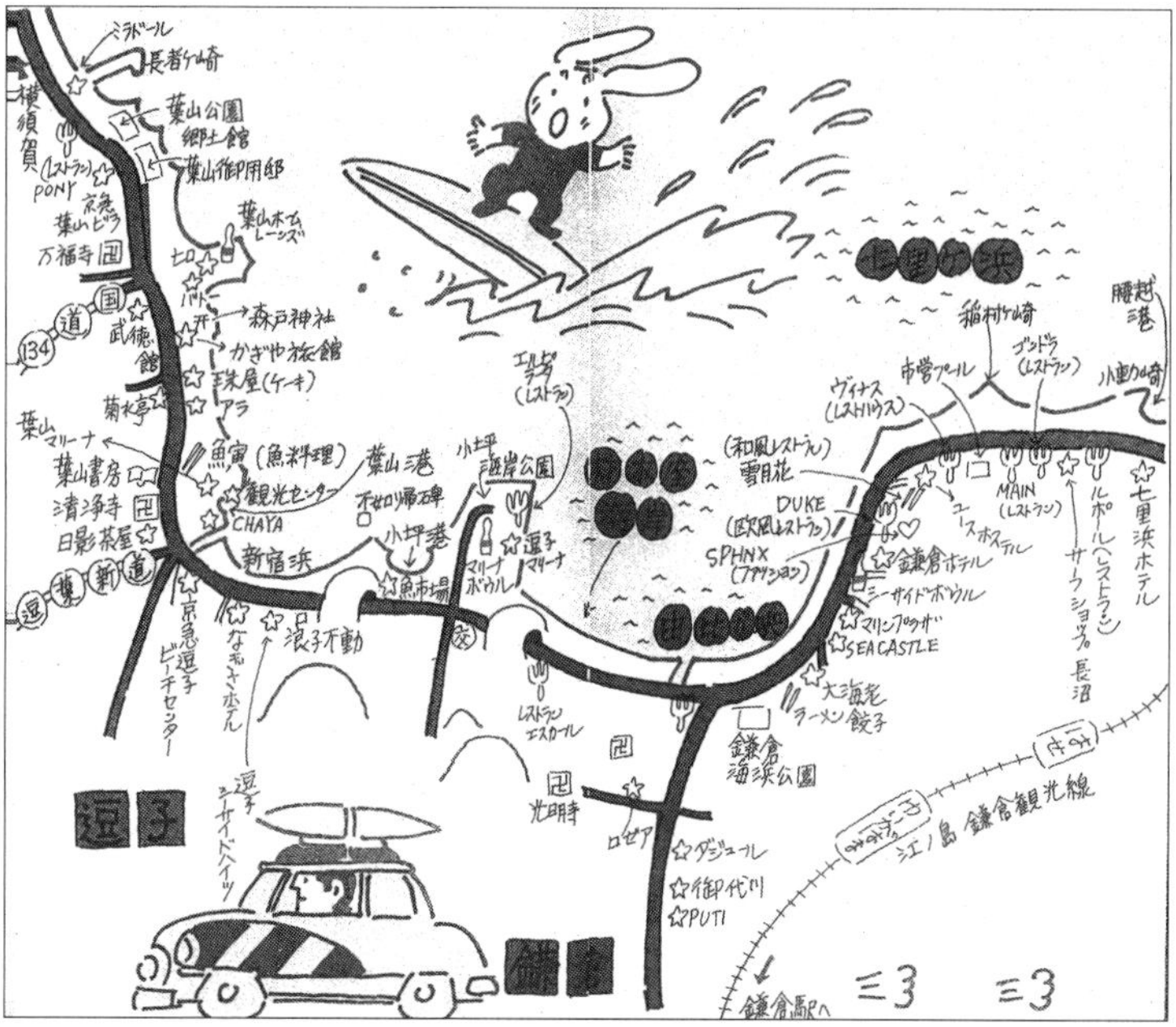

図14　『湘南青春街図』より

春街図』は川崎、横浜、鎌倉・湘南、横須賀で一冊になっている。ここでは「湘南」の範囲は長者ヶ崎から大磯までである。海岸のそれぞれのエリアも紹介されているが、七里ヶ浜と茅ヶ崎海岸がサーフィンのメッカと記され、今はすでに消滅してしまった旅館・ホテル、飲食店も紹介されている（図14）。

　そして以下の文章が記載されている。

> 湘南・鎌倉－誰が名づけたのか、日本のウェスト・コースト。そういわれてみれば、

ナルホド、とも思うし、そんなもんかナァ、とも感じてしまう。文化的、風俗的にはともかく、経済的にはサービスほど寄与していない地帯。それは、それでかまわない。人はたまには生活のしがらみから離れて、とても不安定な旅をしたいものなのだから。湘南。鎌倉はそんなときのために、とっておきたい、と考えていたら、日本中に生活のしがらみから離れたがっている人が溢れているようだ。

（『湘南青春街図』）

1950年代後半から片瀬海岸を中心に海水浴は大混雑の状況を呈するようになる。つまり首都圏の住民の夏のレジャーの定番となったと解釈してもよい。いわゆる海水浴の一般化であるが、1960年代に入ると全国で海水浴場の水質汚染問題が起き、レジャーの多様化もあって海水浴は衰退の道を辿ることになる。ここで台頭してきたのがサーフィンだった。メディアにもサーフィンは取り上げられるようになってはいたが、やはり『POPEYE』の影響は外せないだろう。『POPEYE』は1977（昭和52）年から翌年にかけて、サーフィンの特集記事を組んでいった。当時の『POPEYE』はその新鮮な切り口で既成の男性誌の概念を転換させ、若者への影響力も極めて高かった。

創刊第7号では「湘南カウンティー」という特集を組んでいる。表紙は黄色いワーゲンにサーフボードを乗せたイラストが使われている。ただ『POPEYE』的にいえば、呼称はワーゲンではなくビートルの方が似合っているといったところだろうか。この号で初めて「地球の美しさを知るにはサーフィンがいちばん」と題してサーフィンがピックアップされている。平凡企画センター（平凡出版の分室）では『POPEYE』に先行させて1975（昭和50）年に『Made in U.S.A Catalog』、翌年に『Made in USA Catalog 2』を読売新聞社から刊行している。つまり『POPEYE』の特集を見ていくとアメリカ関連の特集が極めて多い。『Made in U.S.A Catalog』では「ナイフからキャンピングカーまで―若者にうけているアメリカ製品の本」、『Made in U.S.A Catalog 2』では「アメリカのスクラップ・ブック。いまアメリカの若い世代は何を考えているのか。アメリカの若者たちの行動を通して我々の未来について考える本」と表紙に銘打たれているように、アメリカのユースカルチャーのカタログといえる内容になっている。

『POPEYE』に関与したイラストレーターの小林泰彦は以下のように語っている。

サブ・カルチャーと言うかカウンター・カルチャーというか、そういうものがまだなかったんです。けれども競合するメディアや人が少なかったというのは、好きなことができたから、非常にラッキーだったと思います。今だったら、そういうことをやりたい人は、たくさんいるでしょう。（『証言構成『ポパイ』の時代 - ある雑誌の奇妙な航海』赤田祐一著／2002年）

というように日本ではまだサブカルチャー黎明期に当たる時代だった。ゆえに新たなカルチャーを作り得たといえるだろう。それがサーフィンであり、新たな「湘南」カルチャーということができる。当時は現在と違って活字メディアの影響はとても大きかった。例えば「陸《おか》サーファー」という言葉に象徴されるように、サーフィンはやがてファッションに拡張していく。女性も同様、サーファーファッションに身を包んで街を闊歩するようになった。『POP-EYE』に続いては『FINE』の登場になる。もともとはサーフィンのテクニックを中心にした内容だったが、やがてファッションの比重が大きくなり、サーファーファッションの代表的な雑誌になった。ROXY、STUSSY などのサーフブランドが茶髪、メッシュの日焼けしたギャルたちに浸透していく。

おそらく『POPEYE』が「湘南」に注目した理由は、都心からの地理的近接性のみならず「湘南」の歴史的背景や当時の若者たちの憧憬であったアメリカのカルチャーを意識してのことだったに違いない。確かに「湘南」にできたサーフショップはアメリカの西海岸を意識したデザインが多かった。これらのサーフィン文化が「湘南」のイメージ形成に果たした役割は決して小さなものではないだろう。実際は例えば房総半島の千倉、鴨川、勝浦などもサーフィンで知られているが、メディア的な扱いでは明らかに「湘南」に軍配が上がる。

房総も考え方によっては「湘南」と比肩できるブランドになり得る要素は多い。別荘地であり、都心からのアクセスも比較的、利便性は高い。しかしながらこの地域は江戸時代からの交通手段は船運が主体で、明治以降の鉄道敷設が遅れたのがブランド化促進のための障害になったということが推測できるだろう。つまりイメージとして「湘南」に比べると弱い印象がある。ヤンキー文化も存在するのだが、やはり当該地域を描いたコンテンツ作品も「湘南」に比べて少ないことがもうひとつの要因だろうか。

そして個性豊かな都市の連鎖が「湘南」のひとつの特徴かもしれない。つまり具体的にいうと国道134号線沿いの都市の連鎖だ。それは一種のコナベーションの拡大解釈が適用できるだろう。コナベーションとは現在では都市圏を指すことが一般的だ。日本では都市圏より狭い範囲で、市街地が連続している地域を指す傾向が強い。いわゆる起源の異なる複数の隣接する都市が発展し、行政区分の境界を越えて連鎖し、ひとつの都市域を形成している状態を示す。コナベーションには大きく分けてふたつの類型があり、ひとつは突出したDID（人口集中地区）とその周辺の市街地、郊外住宅地の範囲を示す場合であり、いわゆる大都市と衛星都市で形成される。ふたつめは突出した大都市がなく、複数のDIDと周辺市街地、郊外住宅地の範囲を示す場合で、ツインシティや複数のコアシティによる都市圏などに見られる場合である。

「湘南」もそれほど強力なDIDを持ってはいないが、都市連鎖という視点からはコナベーションと呼べないこともない。ただ密集度合いが高いのは逗子、鎌倉、藤沢の辺りになるだろうか。西に行くほど密集度は低くなる。この都市連鎖も「湘南」のイメージ形成には一定の影響があるのではないだろうか。

『湘南青春街図』に戻ろう。この本の巻末にはマップが載っている（P260〜261）。鎌倉、北鎌倉、そして逗子から茅ヶ崎の海岸沿いが対象になっている。後者では逗子なぎさホテル、パシフィックホテルも記載されており、主だった飲食店ももう現在まで営業しているものは少ないかもしれない。しかし1970年代中期の概要は把握できるマップだ。ゴッデスをはじめとしたサーフショップも散見できるし、やはり時代のせいなのか、ボウリング場が目に付く。また徐々に若者のデートスポットになってきたのか、レストランが多い印象がある。

この本も現在は古書店にもあまりなく、確実に存在しているのは筆者の知るところでは国立国会図書館である。しかし『POPEYE』のバックナンバー同様に1970年代の「湘南」を知ることができる貴重な一冊になっている。また時間ができたらこのマップを持って、改めて「湘南」を歩いてみたいものだと思う。

雑誌メディアの役割

『POPEYE』などに見られるように雑誌メディアの果たした役割は否定できない。確かに主役をウェブに取って代わられている雑誌メディアではあるが、四季折々でいつもお世話になっております。依然として「湘南」特集が組まれることも少なくはない。筆者は2018年には『OZマガジン』の「湘南さんぽへ」を購入した。版も小さく持ち運びに便利だったからだ。比較的簡易な「湘南」歩きには最適だった。ただ街歩きのために雑誌を購入することはほとんどなくなったような気がする。つまりスマートフォンを持っていれば地図ソフトも入っているし、また飲食店のガイドも充実している。

それよりもここのところ「湘南」関連で目に付くのは、ライフスタイル雑誌だ。１９９８（平成10）年創刊の枻出版『湘南スタイルマガジン』が代表的なものだ。いわゆるエリア雑誌であるが、「湘南」に住んでいる人、また関心のある人がターゲットだと思うが、考えてみれば「湘南」のライフスタイルに憧れる人も全国にいるのだろう。現在は季刊で3、６、９、12月の４回発行されている。アクティビティー、グルメなどを通じて「湘南」をいかに楽しむかを追求する内容になっている。

創刊から19年間、編集長を務めてきた富山英輔はウェブマガジンの『仕事人の本棚』で、「僕らサーフィンをする人間は、波のいいときに波乗りに行きたいっていうのが基本で、そのために生活を築いていく。だから、サーフィンってスポーツなんだけど、自然とライフスタイルになっていくんだよね。『湘南スタイル』は、海やサーフィンにはフォーカスせず、海の近くでの暮らしを、等身大で見せていきたい、そんな思いで創刊した雑誌なんだよ」と語っている。

そして２０１７年、彼は『SHONAN TIME』を発行することになる。こちらの方は年２回発行されているが、「できれば少しでもみんなにワクワクして欲しいし、自分が作った本を手にした人がよりよい LIFE になったらいいなと祈ってる」とも述べている。つまり『湘南スタイルマガジン』の延長線にありながら、さらに個性的な、雑誌になっている。

近年、ローカルメディアが注目されてきている。一時期のタウン情報誌は淘汰され、その後にまた新たな試みが始まっていると考えてもいい。影山裕樹『ローカルメディアの仕事術』（2018年）ではローカルメディアを、「ある地域に読者層が限定されているもの」と定義している。前掲の雑誌は厳密にいうと全国規模で発行されているから、単にローカルメディアとは呼べないかもしれない。「湘南」に限っていえば、広範にイメージを伝達するという側面も持っている。つまり「湘南」のライフスタイルに関する情報などを紹介することで、「湘南」の魅力的なイメージが拡散することになる。

もちろん現在はソーシャルメディアの影響を抜きには語れない。ソーシャルメディアは地域の情報、観光情報などが中心のものが多いが、こんにちは「湘南」に関していえばそこに住み、生活する人々に焦点を当てたものが幾つかある。ひとつは『Paddler SHONAN』だ。骨子には「湘南は、世界を魅了する東京に近くありながら、海の景色と豊かな自然のもとにあり、脈々と受け継がれてきた歴史と伝統、ビーチカルチャーに縁取られた魅力的な土地。ここには、「ON と OFF」、「シティライフとスローライフ」のバランスを大切にし、自分らしい生き方を見つけて暮らす男たち、この土地に根ざした新たな文化や地域づくりに真剣に取り組む男たち「The Paddler」が暮らしています。『Paddler』は、そんな男たちの生き様や、彼らを取り巻く湘南のムーブメントを紹介しながら、生き方の多様性と可能性、この土地の魅力と可能性をより多くの人に伝えたいと考えています。読者ターゲットは、湘南に暮らすローカルはもちろん、いつか湘南に暮らそうと考える男たち、湘南を休日のプレイグランドにするこの地を愛する男たち」とあり、男性が主役になっている。

また『エキウミ』の骨子は「湘南・茅ヶ崎には「茅ヶ崎が好きな人」が多いため、地域のコミュニティが生まれやすい街です。でも、参加するきっかけを逃してしまったり、移住したてだったり、平日は市外勤務だったりすると、コミュニティの一員になれなくて残念な気持ちでいる人もいるでしょう。そんな人は、この「エキウミ」の記事をお読みいただき、好きなお店や気になる人を見つけることで、挨拶や会話のきっかけにしてみてはいかがでしょうか。茅ヶ崎で生まれた人、茅ヶ崎に移住した人、これから茅ヶ崎に住みたいと思っている人、茅ヶ崎で働いている人、茅ヶ崎に遊びに行きたい人……あらゆる「茅ヶ崎で○○する人」に、友達や仲間、いきつけのお店などを見つけるきっかけとなる記事をお届けします」とあり、こちらは『Paddler SHONAN』よりも情報に幅があり、かつ茅ヶ崎に特化する内容になっている。

このように現在ではマスメディアのみならず、ソーシャルメディアを含んだ形で、ローカルからの情報発信が積極的に試みられている点にも注目していかなければならない。外部の目というより内部の目で見た「湘南」もまた新たなイメージ形成に寄与しているものと考えられる。

「湘南」の食文化

先述したように村井弦斎が平塚に居住して『食道楽』を書いたのが明治時代のことだった。『海街 diary』にはシラストーストが出てきたり、また鎌倉といえば鳩サブレーだったりもする。雑誌メディアではクローズアップされる「湘南」の食だが、本項では少しそこに触れてみたい。あくまで個人的な趣味の範囲ではあるし、筆者は決して美食家ではないことを先に断っておこう。やはり食文化でも「湘南」はプリズムのようだ。老舗あり、お洒落な店あり、ファーストフードあり、ニーズに合わせた店をチョイスできる空間なのである。

2017年、筆者が上梓した『おにぎりと日本人』（洋泉社）は食文化をコンテンツとして捉えたところから始めたという経緯がある。食文化ももちろん地域のイメージ形成には大きな効力を持つことは自明のことであろう。例えば北海道であれば、海産物、ラーメン、寿司、ジンギスカン、スープカレー、スィーツなどがイメージに大きく寄与していると思われる。新潟のコシヒカリや大阪や広島のお好み焼きもそうかもしれない。そういう意味ではここで「湘南」の食文化に触れてみようと思う。

鎌倉は『ミシュランガイド』の2011から横浜ともに対象エリアに入った。さすが美食の街である。このとき鎌倉では10軒のレストランが「1つ星」を獲得した。獲得店舗は、寿司屋

「以ず美」（長谷）、日本料理の「円」（山ノ内）、「田茂戸」（坂ノ下）、「米倉」（二階堂）、「連」（常盤）、精進料理の「鉢の木 北鎌倉」（山ノ内）、牛肉料理の「鎌倉山」（鎌倉山）、鰻屋「つるや」（由比ヶ浜）、そば屋「梵蔵　自家挽工房」（材木座）、フランス料理「ミッシェル ナカジマ」（常盤）であった。日本料理・精進料理、寿司、鰻、そば店が9店舗を占め、フランス料理は1店舗である。

やはり高級店のイメージの強い鎌倉だが、有名店としてはまだたくさんあるし、鎌倉山界隈がひとつのトレンドスポットになっている。京都とまではいかないまでも、食文化によっても鎌倉の持つ高級イメージが補完されていると見てもいい。例えば筆者が鎌倉を訪れる際に時折足を向けるのが、小町通りにあるイワタコーヒーだ。創業はホームページによれば１９４５（昭和20）年のことになる。近年、改装でしばし休業していた時期もあったが、ネルドリップで丁寧に入れたコーヒーは格別だ。かつては鎌倉に住んでいた川端康成、大佛次郎などが通い、ジョン・レノンも訪れたともいわれている。ここのお勧めはホットケーキだ。二段に積まれた５㎝もの高さで、専用の金輪を使っているらしい。焼きあがるまでに30分程度はかかるので、休日で行列のできている時間には1時間待ちも覚悟しなければならないが、待っても食べる価値のある一品だ。高級店とはいえないとしても一定の風格があるということが鎌倉の食文化において重要なことに違いない。

小町通りを少し脇に入った「ミルクホール」にもよく行く。こちらは１９７６（昭和51）年の創業、どことなく昭和モダンの雰囲気の店だ。ここはビーフストロガノフやプリンが有名、コーヒーとよく合う。ここは店独自のフリーペーパーを発行していることでも知られている。ジャズがBGMだが、ゆっくりとした時間が流れていくカフェである。もしかしたらこのカフェがもっとも多く足を向けている鎌倉の店かもしれない。

しかし海岸の方へ行くと若者に人気のある店が多い。極楽寺近くの「グッドメローズ」も若者に人気のある店である。ここはハンバーガーが主力であり、潮風の吹き渡る海に面するテラスもあって、ゆったりとした時間が流れる。チーズバーガーが定番であり、バンズも程よく硬く、パティは少々、レアな感じだが、炭火で焼いた香りが特徴だ。店舗はレトロな雰囲気で、レトロアメリカンだったり、古民家カフェが増えてきたり、それも「湘南」のひとつの顔になっている。

七里ヶ浜の「リストランテ・アマルフィイ」も何回か行った。海が見えるオープンテラスが気持ちよく、地元産の魚介、野菜を中心にしたイタリアンの店だ。個人的にはランチコースがお勧めだ。江ノ島が右手に見え、潮風に吹かれて快適な時間を過ごすことができる。ただ店は大抵、混んでいる。他に近隣に「アマルフィイ・デラセーラ」「アマルフィイ・カフェ」もあるが、現在は多店舗展開の方向にある。系列には成城店もあったり、和食の店もあったり、少々、驚きである。

古民家といえば前掲の『SHONAN TIME』Vol.2で「湘南の食」特集が組まれていて、そこでは路地奥の名店が紹介されている。そこでは「イチリン　ハナレ」(扇ヶ谷)、「ビストロ・ペクニコヴァ」(北鎌倉)、「リストランテ鎌倉フェリーチェ」(稲村ヶ崎)、「クッチーナイタリアーナ　アッチ」(二階堂)、「コヤマ」(二階堂)、「チャコールグリル　バーチーズ」(御成町)、「るふらん」(大磯)であり、イタリアン、フレンチ、アメリカン、中華、色とりどりだ。またトルコ、インドネシア、ベトナム、タイ、ジャマイカなどの店、もちろん蕎麦、和食、寿司などの店も紹介されている。

こちらの方もそれぞれの嗜好に合わせた多様な食文化が「湘南」には存在する。これもまた魅力のひとつであり、居住者にとっても来街者にとっても重要な要素であると思うのだ。老舗あり、カジュアルありと「湘南」はさまざまな食を用意してくれる。これも「湘南」のイメージ形成に大きく寄与しているのだろう。

フィルム・コミッションの活動

先にも少々、触れたが、イメージ形成の補完をする役割を果たす機能としてフィルム・コミッションがある。おそらく本格的に全国各地でロケ誘致を始めたのは、1995年に公開された『Love Letter』からであろう。1999年には韓国や台湾でも公開され、韓国ではとりわけ大人気を博し、舞台となった小樽には韓国人観光客が大勢押し掛けたりした。

先述したように日本ではフィルム・コミッションは2000年代初頭に各地で設立の動きがあり、そしてそれが2009（平成21）年に「特定非営利活動法人ジャパン・フィルムコミッション」設立へと至る。日本ではロケ誘致、支援を中心にした性格が強いが、しかしその範囲でも活動は活発化している。各地をロケ地にした映画やテレビドラマはヒットすれば集客に結び付けることに成功する事例も多い。

自治体ではシティ・プロモーションとしてこの活動を捉えており、地域のイメージ向上、ブランディングに活用している。メディアやコンテンツ作品はその目的を達成するために有効な手段だということが自治体レベルでも共有されているということのひとつの証明であろう。

地域活性プランニングが、ロケーション情報専門誌『ロケーションジャパン』を創刊したのが2003（平成15）年のこと、この動きをフォローするメディアの登場により、フィルム・コミッションはさらに注目されることになった。

日本のローカルで有名なのは神戸、北九州、札幌などのフィルム・コミッションであるが、今後は実写のみならずアニメを射程に入れての活動も生じていると聞く。またイギリスのように映画への投資も模索しているところもあるとも聞く。今後も地域のイメージ向上、ブランディングに幅広くフィルム・コミッションが機能していくことが期待されている。

筆者はかつてご当地ソングの研究を試みたことがあって、その結果、ご当地ソングは地域ブランド確立のための補完財になるという見解を打ち出したことがある。つまり魅力的な地域イメージ創出のための補完財ということになるが、地域イメージはさまざまなコンテンツがメディアを通じて流布される中で形成されていく。地域映画にも同様の効果があるに違いない。おそらくこのアプローチはこれからも継続されていくだろう。

「湘南」エリアで代表的なフィルム・コミッションは「湘南藤沢フィルム・コミッション」だ。２００２（平成14）年に設立、事務局は最初、藤沢市役所観光課内に置かれたが、現在は藤沢市観光協会内にある。支援件数は年間１００件以上、ロケ経費（ロケにおける飲食、宿泊、施設使用料）として市内での直接経済効果は年間１５００万円以上だが、映画、テレビドラマ、バラエティ番組などの広告料換算、つまり間接経済効果は約50億円にも上るともいう。実際、一定以上の地域のイメージアップが図られ、集客、定住人口の増加に寄与している。つまり地域活性化への寄与と見ることもできるだろう。

本書でも紹介した『タイヨウのうた』『陽だまりの彼女』『ホットロード』『海街diary』なども支援しており、全国的に見ても湘南藤沢フィルム・コミッションはひとつの成功事例といってもいい。コンテンツが創る地域イメージということを前提にするとその存在は小さなものではない。

コンテンツが創った「湘南」イメージ

「湘南」はコンテンツが創ったイメージなのかもしれない。本書を執筆して改めてそう思った。そしてそれは個々のニーズに合わせた複合型イメージ、先述したプリズムのような地域イメージを創り上げたのである。これは日本においても稀有の事例だろう。数々の自治体がイメージアップやブランド化に躍起になっている現在、「湘南」は長い時間の中でそれに成功したともいえる。もちろん全てが美しいものではないかもしれないが、それぞれの人々の嗜好に合わせた魅力的な地域イメージ、特に富裕層、若者層、ヤンキー層にそれぞれの「湘南イメージ」を創り得たといえるだろう。

「湘南」は地域活性化のひとつのモデルになる。つまり重要なのは短期的な視座ではなく、長期的視座だということなのだ。確かに東京に近接しているという地理的優位性はあるものの、それだけが要因ではない。場所としての魅力を持ち得たという点が極めて大きい。また季節によっての魅力もあるだろう。紫陽花の頃、夏の海は印象的ではあるが、インスタグラム的にいえば、四季折々の意趣がある。

しかし「湘南」がひとつの成功モデルだとして、他の地域でこのモデルが適用できるところがあるだろうか。札幌や神戸などがこれに近い形かもしれない。いわゆるイメージ先行型都市の代表的なものだ。ただ決して「湘南」のような広域圏ではない。あくまでひとつの都市もしくは都市圏である。近年は観光文脈でも広域圏が注目されている。広域圏を形成することで回遊性が生まれるというのが狙いだ。だが「湘南」に匹敵する地域はない。

やはり「湘南」のイメージ形成は日本では特殊なものなのだろうか。全てを観光に依拠しているわけでもない。東京への通勤圏という位置付けもできる。先述した房総が環境的にはもっとも近いかもしれない。東京湾アクアラインが開通してから、「湘南」同様の交通アクセスの条件を満たしてもいる。しかし「湘南」のような魅力を発信できているかといえば大きな疑問が残る。集客、定住両方を視野に入れても、まだ「湘南」のレベルには残念ながら到達していない。何が不足しているのかといえば、やはりコンテンツなのかもしれない。

今から10年ほど前に、千葉商工会議所、BAY FMなどと一緒に千葉を舞台にしたコンテンツ作品の調査を行ったことがある。そこで感じたのは、作品数はそこそこあるのだが、キラーコンテンツがあまりないということだった。ただ潜在的な可能性を秘めてはいる。江戸時代の『東海道中膝栗毛』に対抗するベストセラー『南総里見八犬伝』から夏目漱石、芥川龍之介、そして村上春樹までの作品の舞台になっている。例えば木更津でもテレビドラマ、映画になった『木更津キャッツアイ』、音楽でいえば氣志團もいる。

しかし「湘南」に比べると全体的な魅力創出に至ってはいない。まさに長い時間をかけてコンテンツ作品という資源を精査して、それに依拠したプランを作ることは難しいことなのだろうか。何が「湘南」に比べて弱いのだろうという点は明らかにすべきだろうと思う。これまでも地域のコンテンツ創出のお手伝いは数ヵ所で行ってきたが、千葉は個人的にも心残りがある地域だ。コンテンツ作品の精査の後、舞台的なアクションには筆者の力不足もあって結び付けることができなかった。もしまた機会と時間があれば、改めて向き合ってみたいとも思う。

さて「湘南」はコンテンツの宝庫だということからすれば、物語の宝庫といえなくもない。ちょうど別件の調べものがあって、永井路子『相模のもののふたち』（1991年）を読んでいるのだが、鎌倉時代やその少し前の辺りからこのエリアは歴史物語の舞台になっている。ふと考えてみると、いわゆる「湘南」の奥底にはそういった歴史の事象の堆積があるのだろう。まだ「湘南」と呼ばれる以前の長い時間の堆積だ。おそらく「湘南」のイメージ形成にはこの点も見逃してはいけないのだろう。

先ほど『東海道中膝栗毛』の話を持ち出したが、江戸時代には江ノ島詣ではすでに存在していたし、軍記物語としての『義経記』『太平記』なども庶民の目に触れていただろう。つまり「湘南」の誕生以前にもこのエリアは一定の認知度を持っていたはずだ。筆者は歴史研究者ではないので、これ以上詳しく述べることができないが、おそらく「湘南」のイメージ形成の前段があったことは押さえていく必要があるだろう。鎌倉に点在する寺社もそのひとつの象徴だ。

歴史好きの人々にも「湘南」は魅力的に映るに違いない。鎌倉の世界文化遺産登録はうまく進まなかったが、それは本質的な問題ではない。このエリアに歴史的な魅力があるか、ないかだけの話なのだと思う。それが「湘南」をイメージの多面体にしている大きな要素なのだ。

おわりに

さてちょうど2018（平成30）年夏に大連、バンコクを巡った後くらいから、本書を書き始めた。お題は「湘南」である。10月に単著『ローカルコンテンツと地域再生』（水曜社）が刊行され、またしばしのワープ状態に突入したわけである。9月には一度、改めて「湘南」をフィールドワークし、このエリアの奥行きと広がりを改めて知ることになる。結構、高いハードルが目の前に幾つかあることも自覚した。ただ今回はあくまで一般書なので、多くの人々に読んでもらうことが狙いである。

「湘南」に関して振り返ってみると随分、以前から関心は寄せてはいた。10年くらい前にコンテンツツーリズムの研究を始めた頃にも「湘南」を取り上げたコンテンツ作品の多さに驚いたと同時に、「湘南」のイメージ形成にそれらの作品がどのように寄与してきたのかを考えるようにもなった。おそらくそれが本書を執筆する遠因になったのだろう。その頃、とある自治体の市民大学で「湘南」を取り上げたコンテンツ作品の講座をやらせてもらったことも記憶に残っている。

ただその後、関心事がいろいろ頭をもたげてきて、それに追われるままに現在に至ったというのが正直なところだ。筆者は札幌で生まれ、育ったので「湘南」との関係がそれほど深くはない。大学入学時に上京し、それからの「湘南」体験なので、初心者のレベルなのかもしれない。ただ数は結構、行っている方だとは思う。教員になってからは調査だったり、自治体との打ち合わせだったり、大学院のOBとの面談だったりと年に数回は間違いなく訪れてはいる。

札幌で生まれ育った個人的な境遇からすると、「湘南」は別世界である。のどかなところは似ているが、陽光と海のコントラストがとても印象的である。基本的な一般イメージはおそらくそこにあるのだろう。数々の文人たちが住んだ理由も理解できる。ましてや意外と東京に近いという地理的な条件もまた大きいのだろう。大学の教員も「湘南」在住の方も知人に何人かいる。出校日が週に2回くらいだと充分な居住環境だと思う。しかし元来のせわしない性格からすれば筆者にはなかなか望むべくもない。

つまり筆者にとっての「湘南」は非日常ということにもなる。しかしそれはそれでまた楽しい。江ノ電に乗るだけで、それは非日常なのだ。そして降りる駅を気まぐれに選択し、周辺をあれこれと彷徨うことが、自分にとっての異空間との戯れのひとときになる。それは家の近所や大学の周囲を彷徨うのとは随分、違った経験になる。つまり一般的な「湘南」イメージの隙間を漂う感じなのだ。しかしそれはそれで新たな発見やアイディアにも結び付く。

ずっと「まち」を考えてきた。それは放送局やレコード会社に身を置いたときも明確ではなかったにしろ「まち」を意識してきた。放送局のときはその局が存在する「まち」であり、レコード会社のときはマーケットしての「まち」であり、才能が育つ器としての「まち」だった。

正確にいえば、意識しながら考えてきたといえばいいのであろうか。おそらく今後も「まち」に関する関心を継続していくことになるだろう。その対象は変化しながら、多分、ずっとだと思う。

本書はその流れの延長線上にある。本書を上梓する契機を与えて戴いたリットーミュージックの野口広之氏には大変、お世話になった。レコード会社をやめて10数年たって、まさかあのリットーミュージックから拙著が刊行されることは大きな驚きであり、喜びである。また表紙のイラストを描いて戴いた佐々木悟郎氏にも多大な感謝をしたい。こちらもまさかである。CDジャケットで当時、よく拝見していた佐々木氏に快く引き受けて戴いたことも大きな喜びである。

さていずれにしても次回の単著は「湘南」とはほど遠いものになるだろう。ただ底流では「湘南」と何処かで繋がっているはずではあるのだ。またそちらの方でお目にかかれれば幸いである。

2019年1月1日

札幌にて

◎主要参考文献

阿久悠「ヒーローは1・5倍で走った」『60年・安保・三池闘争-1957-1960』毎日新聞社（2000年）
赤田祐一『証言構成『ポパイ』の時代-ある雑誌の奇妙な航海』太田出版（2002年）
甘糟りり子『モーテル0467 鎌倉物語』マガジンハウス（2006年）
石田衣良『眠れぬ真珠』新潮社（2006年）
石原慎太郎『太陽の季節』新潮社（1957年）
石原慎太郎「『太陽の季節』のころ」『〝太陽族〟の季節：新旧混在の時代』学習研究社（1982年）
伊集院静『なぎさホテル』小学館（2016年）
犬懸坂祇園『鎌倉地図草紙 -異界を歩く-』歴史探訪社（2004年）
井上雄彦『スラムダンク』集英社
今井俊博『生活ファッション考』青友書房 同友館（1974年）
岩本えり子『エリー © 茅ヶ崎の海が好き。』講談社（2008年）
内田順文「軽井沢における「高級避暑地・別荘地」のイメージの定着について」『地理学評論』62巻7号　日本地理学会（1989年）
大矢悠三子「湘南海岸をかけめぐった東京五輪――「太陽の季節」から「若大将」へ」『東京オリンピックの社会経済史』日本経済評論社（2009年）
織田武雄「地域」『日本大百科全書：ニッポニカ』小学館（1994年）
小津安二郎『全日記　小津安二郎』フィルムアート社（1993年）
影山裕樹編著『ローカルメディアの仕事術：人と地域をつなぐ8つのメソッド』学芸出版社（2018年）
片岡義男『スローなブギにしてくれ』角川書店（1979年）
片岡義男『ボビーに首ったけ』角川書店（1980年）
「角川日本地名大辞典」編纂委員会『角川日本地名大辞典』角川書店（1984年）
河井克敏『とめはねっ！ 鈴里高校書道部』小学館
川本三郎『林芙美子の昭和』新書館（2003年）

貴志祐介『青の炎』角川書店（1999年）
久保正敏「歌謡曲の歌詞に見る旅：昭和の歌謡史・詩論」『国立民族学博物館研究報告』国立民族学博物館（1991年）
黒岩比佐子『『食道楽』の人 村井弦斎』岩波書店（2004年）
近藤富枝『馬込文学地図 文壇資料』講談社（1976年）
西岸良平『鎌倉物語』双葉社（1985年）
桜庭一樹『荒野』文藝春秋（2008年）
佐藤多佳子『黄色い目の魚』新潮社（2005年）
澤村修治『天皇のリゾート―御用邸をめぐる近代史』図書新聞（2014年）
篠原章「ユーミンの21世紀」『別冊宝島630 音楽誌が書かないJポップ批評16／されど我らがユーミン』宝島社（2001年）
清水ちなみ『日本一の田舎はどこだ』幻冬舎（1996年）
「湘南の誕生」委員会編『湘南の誕生』藤沢市教育委員会（2005年）
添田唖蝉坊『添田唖蝉坊―唖蝉坊流生記』日本図書センター（1999年）
高井有一『立原正秋』新潮社（1991年）
高口里純『ロンタイBABY』講談社
武田勝彦、田中康子『立原正秋小説事典』早稲田大学出版部（1993年）
立原正秋『薪能』新潮社（1964年）
立原正秋『残りの雪』新潮社（1974年）
紡木たく『ホットロード』集英社
徳富蘆花『自然と人生』岩波書店（2005年）
永江朗「ヤンキー的なるもの」『ヤンキー文化論序説』河出書房新社（2009年）
難波功士『族の系譜学―ユース・サブカルチャーズの戦後史』青弓社（2007年）
難波功士『ヤンキー進化論 不良文化はなぜ強い』光文社（2007年）
日本の特別地域編『これでいいのか湘南エリア』マイクロマガジン社（2010年）

原田曜平『ヤンキー経済 消費の主役・新保守層の正体』幻冬舎（2014年）
藤沢とおる『湘南純愛組！』講談社
古川薫『花も嵐も‐女優・田中絹代の生涯』文藝春秋（2004年）
プレス75編『湘南青春街図』有文社（1977年）
松生恒夫、宮治淳一『1966年の「湘南ポップス」グラフィティ』彩流社（2016年）
松任谷由実『ルージュの伝言』角川書店（1984年）
松本大洋『ピンポン』小学館
松本規之『南鎌倉高校女子自転車部』マッグガーデン
三上延『ビブリア古書堂の事件手帖』アスキー・メディアワークス
宮治淳一『MY LITTLE HOMETOWN 茅ヶ崎音楽物語』ポプラ社（2017年）
村上春樹『ダンス・ダンス・ダンス』（上・下）講談社（1988年）
村上春樹『村上朝日堂 夢のサーフシティー』朝日新聞社（1998年）
村上春樹『少年カフカ』新潮社（2003年）
村上春樹、都築響一、吉本由美『東京するめクラブ　地球のはぐれ方』文藝春秋（2008年）
森田郷平、大嶺俊順『思ひ出55話 松竹大船撮影所』集英社（2004年）
矢島裕紀『文士が歩いた町を歩く』日本放送出版協会（2005年）
安島博幸、十代田朗『日本別荘史ノート―リゾートの原型』住まいの図書館出版局（1991年）
山本若菜『松竹大船撮影所前松尾食堂』中央公論社（1986年）
吉田秋生『ラヴァーズ・キス』小学館
吉田秋生『海街diary』小学館
吉田聡『湘南爆走族』少年画報社
吉田喜重『小津安二郎の反映画』岩波書店（1998年）
吉見俊哉『親米と反米‐戦後日本の政治的無意識』岩波書店（2007年）
わたせせいぞう『ハートカクテル』講談社
わたせせいぞう『菜』講談社

和田芳恵『ひとつの文壇史』講談社（2008年）
D・ブーアスティン『幻影の時代‐マスコミが製造する事実』東京創元社（1964年）
E・ベルツ『ベルツの日記』岩波書店（1979年）
K・リンチ『都市のイメージ』岩波書店（1968年）
P・コトラー、D・Hハイダー『地域のマーケティング』東洋経済新報社（1996年）

◎主要参考WEB

Jタウンネット神奈川「湘南の範囲はどこまでだと思いますか?」（2014年）
ダイヤモンド・オンライン　並木浩一「海と山に囲まれた美しい古都「鎌倉」」（2007年）
日本出版学会ホームページ　本間理絵「近代メディアミックスの形成過程
‐ラヂオドラマ研究会と春陽堂の連携を中心に」（2018年）

大磯町観光協会ホームページ
日本大学近藤健雄研究室ホームページ
横浜市文化観光局ホームページ
茅ヶ崎市観光協会ホームページ
茅ヶ崎市サーフィン業組合ホームページ
湘南プロムナード
平和がいちばん
日活ホームページ
新佃島・映画ジャーナル
日本テレビ ホームページ
東洋経済オンライン
ブランド総合研究所ホームページ
Paddler SHONAN
エキウミ

増淵敏之（ますぶち・としゆき）

現在、法政大学大学院政策創造研究科教授。専門は文化地理学、経済地理学、外部委員、社会活動としてはコンテンツツーリズム学会会長、文化経済学会〈日本〉副会長、タマサート大学（タイ国）客員研究員（2017年度）、法政大学地域創造システム研究所所長、希望郷いわて文化大使、小田原市政策戦略アドバイザーなど。主な著作に2010年『物語を旅するひとびと』（単著／彩流社）、『欲望の音楽』（単著／法政大学出版局）、2012年『路地裏が文化を生む！』（単著／青弓社）、2016年『きょうのごはんは「マンガ飯」』（watoとの共著／旭屋出版）、2017年『おにぎりと日本人』（単著／洋泉社）、2018年『ローカルコンテンツと地域再生』（単著／水曜社）など多数。研究の傍ら、地域発コンテンツ創出の実践例も多数。

1957年、札幌市生まれ、東京大学大学院総合文化研究科博士課程修了、学術博士。NTV映像センター、FM北海道、東芝EMI、ソニー・ミュージックエンタテインメントにおいて放送番組、音楽コンテンツの制作及び新人発掘等に従事。

「湘南」の誕生
音楽とポップ・カルチャーが果たした役割

著者：増渕敏之

2019年2月28日　第一版第一刷発行

本体1,600円＋税
ISBN978-4-8456-3355-5

発行所
株式会社リットーミュージック
〒101-0051　東京都千代田区神田神保町一丁目105番地
https://www.rittor-music.co.jp/

発行人：松本大輔
編集人／編集長／編集：野口広之

【乱丁・落丁などのお問い合わせ】
TEL：03-6837-5017 ／ **FAX**：03-6837-5023
service@rittor-music.co.jp
受付時間／10:00-12:00、13:00-17:30（土日、祝祭日、年末年始の休業日を除く）

【書店様・販売会社様からのご注文受付】
リットーミュージック受注センター
TEL：048-424-2293 ／ FAX：048-424-2299

【本書の内容に関するお問い合わせ先】
info@rittor-music.co.jp
本書の内容に関するご質問は、E メールのみでお受けしております。お送りいただくメールの件名に「「湘南」の誕生」と記載してお送りください。ご質問の内容によりましては、しばらく時間をいただくことがございます。なお、電話やFAX、郵便でのご質問、本書記載内容の範囲を超えるご質問につきましてはお答えできませんので、あらかじめご了承ください。

印刷・製本：中央精版印刷株式会社

JASRAC出1901351-901